SDG – Forschung, Konzepte, Lösungsansätze zur Nachhaltigkeit

Die nachhaltige Entwicklung unserer Welt ist eine der wichtigsten Herausforderungen in Gegenwart und Zukunft und zugleich eine Aufgabe, an der alle Wissenschaften beteiligt sind. Um einen sichtbaren Beitrag auf diesem Weg zu leisten, gibt SPRINGERNATURE die Buchreihe SDG - Forschung, Konzepte, Lösungsansätze zur Nachhaltigkeit heraus, in der Arbeiten aus allen Disziplinen publiziert werden können, die die wissenschaftliche Analyse oder die praktische Förderung von Nachhaltigkeit zum Ziel haben, wie sie insbesondere in den Nachhaltigkeitszielen der Vereinten Nationen definiert sind.

Antje Flade

Der Beitrag der Psychologie zur nachhaltigen Entwicklung

Ein Kompendium

 Springer

Antje Flade
Angewandte Wohn- und
Mobilitätsforschung
AWMF
Hamburg, Deutschland

ISSN 2731-8826   ISSN 2731-8834 (electronic)
SDG – Forschung, Konzepte, Lösungsansätze zur Nachhaltigkeit
ISBN 978-3-658-45504-0   ISBN 978-3-658-45505-7 (eBook)
https://doi.org/10.1007/978-3-658-45505-7

Die Deutsche Nationalbibliothek verzeichnet diese Publikation in der Deutschen Nationalbibliografie; detaillierte bibliografische Daten sind im Internet über https://portal.dnb.de abrufbar.

Planung/Lektorat: Eva Brechtel-Wahl
Springer ist ein Imprint der eingetragenen Gesellschaft Springer Fachmedien Wiesbaden GmbH und ist ein Teil von Springer Nature.
Die Anschrift der Gesellschaft ist: Abraham-Lincoln-Str. 46, 65189 Wiesbaden, Germany

Inhaltsverzeichnis

Einleitung

1

Über die Notwendigkeit einer nachhaltigen Entwicklung wird schon seit Jahrzehnten gesprochen und diskutiert, denn längst weiß man, dass die sich abzeichnenden globalen Veränderungen eine Bedrohung für die Menschen und die gesamte Erde darstellen. Bevölkerungswachstum, der massive Abbau von Rohstoffen, die Verschmutzung der Meere, die Verbreitung der neuen Technologien mit ihrem hohen Bedarf an Rohstoffen haben der natürlichen Umwelt zugesetzt. Es geht um deren Schutz, um ein Verhindern, dass die Ressourcen der Erde im Übermaß verbraucht und Luft, Boden und Meere mit noch mehr Schadstoffen belastet werden. Die intensive Nutzung der Natur wurde mit dem Leitbild des Fortschritts und der Idee des Wachstums begründet und gerechtfertigt. Der technische Fortschritt mit all seinen Errungenschaften wurde gepriesen. Zugleich begann sich ein gesellschaftlicher Wandel abzuzeichnen. Selbstbestimmung und Selbstverwirklichung wurden immer wichtiger, Solidarität und Gemeinschaftlichkeit verloren an Bedeutung; inzwischen gilt: mehr „Ich", weniger „Wir" (Beck, 2008; Ahrbeck, 2024). Die Voraussetzung für eine solche individualisierte Gesellschaft ist Wohlstand, denn nur diejenigen, die keine Not leiden und ihre existentiellen Bedürfnisse befriedigen können, können überhaupt an eine Selbstverwirklichung denken. Den Menschen in armen Ländern wird das Bedürfnis, sich selbst zu verwirklichen, kaum in den Sinn kommen.

Die beherrschende gesellschaftliche Leitidee des Fortschritts und das Credo der Selbstverwirklichung sind nicht ohne Folgen geblieben. Ehemalige Naturgebiete haben sich in Urlaubsziele, Nutzflächen, Anlageobjekte und Rohstoffquellen verwandelt (Hermand, 1991). Doch zugleich sind sie nicht selten zu Müllhalden geworden. Luft, Wasser und Boden, die drei Grundvoraussetzungen allen

A. Flade, *Der Beitrag der Psychologie zur nachhaltigen Entwicklung*, SDG - Forschung, Konzepte, Lösungsansätze zur Nachhaltigkeit, https://doi.org/10.1007/978-3-658-45505-7_1

natürlichen Lebens, wurden, angereichert mit Schad- und Giftstoffen, zunehmend verschmutzt. So ist die Rede von sogenannten „Ewigkeitschemikalien" im Wasser, die sich nicht zersetzen. Längst wird darüber intensiv geforscht, sodass man auf ein enormes Wissen zurückgreifen könnte, um gezielt Abhilfe zu schaffen (Ackerman Grunfeld et al., 2024). Doch dieses Wissen wird viel zu wenig genutzt. Dabei ist der Handlungsbedarf immens. Es geht um den Erhalt der natürlichen Umwelt,[1] den Teil der Umwelt, der kein Produkt menschlicher Aktivitäten und Interventionen ist, der unabhängig vom Tun des Menschen existiert und sich nach eigenen Gesetzen entwickelt (Hellpach, 1924). Die natürliche Umwelt besteht aus anorganischer (unbelebter) und organischer (belebter) Materie. Unbelebt sind Boden, Wasser, Wetter, Klima, Luft, Sonnenlicht, Atmosphäre, Wärme, Temperatur, Strömungen, chemische Stoffe, kosmische Einflüsse usw., organisch sind die Pflanzen- und Tierwelt und der Mensch als biologisches Wesen. All das ist bedroht, wenn die natürliche Umwelt geschädigt wird. Die *kulturelle* Umwelt, die Lebenswelt des Menschen, ist sein Werk, sie ist man-made. Sie besteht aus materiellen und immateriellen Dingen, Ritualen, Normen, Religionen, Mythen, Gesetzen, Sprachen, Symbolen, literarischen und künstlerischen Erzeugnissen. Das Materielle ist zum großen Teil der natürlichen Umwelt entnommen, d. h. natürliche und kulturelle Umwelt sind keine getrennte Welten; sie überschneiden sich zwangsläufig, denn der Mensch greift auf die Ressourcen der natürlichen Umwelt zurück, wenn er sich eine kulturelle Umwelt schafft. Dass das nicht unbedingt umweltschonend geschieht, zeigen die Folgen seiner Eingriffe, die zu einem übermäßigen Ressourcenverbrauch, einer Verschmutzung der Luft, der Meere und Flüsse, einer gewaltigen Müllproduktion, einer übermäßigen Ausnutzung der Böden und einer Destabilisierung ökologischer Systeme geführt haben.

Die Eingriffe in die natürliche Umwelt lassen sich weder einzelnen Menschen zuordnen noch genau lokalisieren (Stern, 1992). Dieses Nicht zuordnen können ist ein gewaltiges Hindernis, das sich einer nachhaltigen Entwicklung entgegenstellt, weil der Zusammenhang zwischen Verursachern und Betroffenen bzw. Ursache und Wirkung kaum oder nicht mehr auszumachen ist. Das erschwert es, unheilvolle Entwicklungen zu stoppen. Noch komplizierter wird es, wenn Ursache und Wirkung zeitlich auseinanderdriften, weil die Folgen der menschlichen Eingriffe in die Natur nicht immer sofort zutage treten. Schwieriger wird es dann auch noch dadurch, dass die globale Ausbreitung der Umweltschäden überregionale, länderübergreifende Maßnahmen erfordert, deren Organisation sehr aufwendig

---

[1] Wie bei Hartig et al. (2014) werden die Bezeichnungen „natürliche Umwelt" und „Natur" synonym gebraucht.

Tab. 1.1 Akteursebenen mit Blick auf eine nachhaltige Entwicklung

Ebenen	Beispiele
International	Vereinte Nationen
National	Ausformulierung von Zielen, gesetzliche Regelungen
Bundesländer	Förderprogramme
Kommunen	Umsetzung der Ziele
Örtliche Betriebe	Herstellung umweltverträglicher Produkte
Individuen	Energiesparen, Rad fahren

und mitunter auch weit weg ist von den regionalen Problemen, die sich je nach Land und Erdteil erheblich unterscheiden. Und dann sind auch noch unterschiedliche Akteursebenen zu berücksichtigen. Auf der oberen Ebenen befinden sich die weltweit agierenden internationalen Organisationen und Institutionen wie die Vereinten Nationen, die ökonomisch denkenden und entsprechend handelnden großen Konzerne und die weltweit agierenden Wirtschaftsunternehmen – das Terrain von Politik und Wirtschaft. Auf der untersten Stufe angesiedelt ist die Individual- und Kleingruppenebene – das Terrain der Psychologie. Dazwischen befinden sich kleinräumigere Ebenen wie einzelne Länder mitsamt ihren Regierungen, regionale Wirtschaftsunternehmen, Behörden und Institutionen bis hin zu den Kommunen und örtlichen Betrieben (Tab. 1.1).

Auf der obersten internationalen Ebene sind die Vereinten Nationen tätig. Sie haben 2015 in Form von 17 Zielen den Rahmen abgesteckt (UN, 2015, siehe Anhang). Die Ausformulierung und Präzisierung soll dann auf der nationalen Ebene erfolgen. In Deutschland hat die Bundesregierung 2016 in einem ausführlichen Bericht die Deutsche Nachhaltigkeitsstrategie erläutert, fünf Jahre später folgte in einem noch ausführlicheren Bericht die Fortsetzung. Beispiele für Interventionen in Richtung einer nachhaltigen Entwicklung auf der Länderebene sind Subventionen für Windkrafträder und Fördermittel für die Entwicklung emissionsarmer Technologien z. B. bei der Zementherstellung, bei der viel Kohlendioxid emittiert wird. Die überindividuelle Ebene ist so durchaus aktiv und präsent. Es scheint auf den ersten Blick keinen Zweifel zu geben, dass die Zielsetzungen und Vorschläge der oberen Ebenen verglichen mit dem individuellen umweltbezogenen Handeln eine erheblich größere Durchschlagskraft haben. Dennoch ist eine nachhaltige Entwicklung ohne Einbeziehung der Individualebene kaum erreichbar. Es sind einzelne Menschen und kleinen Gruppen, die in ihrem eigenen Haushalt oder in Institutionen und Wirtschaftsunternehmen, in der Politik oder in internationalen Konferenzen diskutieren, Ziele formulieren und Entschlüsse fassen, was man tun kann, um eine nachhaltige Entwicklung auf den Weg zu bringen.

Alles kreist um den Begriff „Nachhaltigkeit". Nachhaltig ist etwas, was über den Moment hinaus wirksam ist. Der Begriff verweist auf die Zukunft der Erde und die künftig lebenden Menschen (Reheis, 2022). Er wird in allen möglichen Zusammenhängen gebraucht, sodass er schon fast inflationär ist. Es zeigt aber auch, dass das Thema „Nachhaltigkeit" alle gesellschaftlichen Bereiche betrifft. Die Rede ist von einem nachhaltigen Lebensstil, einem nachhaltigen Wohnungsbau, der nachhaltigen Universität, dem nachhaltigen Museum, nachhaltigen Ernährungsweisen, einem nachhaltigen Tourismus usw. Auch wenn das Label „nachhaltig" längst weit verbreitet ist, kann von einer nachhaltigen *Entwicklung* noch kaum die Rede sein, denn es geht nicht wirklich voran. Das Programm, in dem die Leitlinien für das 21. Jahrhundert zur nachhaltigen Entwicklung bestimmt wurden, auf das man sich auf der Konferenz für Umwelt und Entwicklung der Vereinten Nationen in Rio de Janeiro 1992 geeinigt hatte, war, wie man zehn Jahre später feststellte, nicht so erfolgreich gewesen, wie man es sich vorgestellt hatte. Es hat nicht geklappt mit einer veränderten Wirtschafts-, Umwelt-, Sozial- und Entwicklungspolitik, mit der man erreichen wollte, dass die Ressourcen der Erde nicht übernutzt werden und die Produktion von Schadstoffen in Grenzen gehalten wird, weil man die Lebenschancen der *künftigen* Generationen nicht hat schmälern wollen. Doch es ist leichter, in die Zukunft weisende Ziele zu formulieren, als sie umzusetzen, denn dazu bedarf es außer einer Willensanstrengung auch einer über die eigene Lebensspanne hinausreichenden gemeinsamen Zukunftsperspektive. Ohne eine solche Zukunftsorientierung ergibt der Gedanke der Nachhaltigkeit keinen Sinn.

Drei Dimensionen müssen zugleich berücksichtigt werden, was sich mit einem Dreieck mit den Ecken Ökonomie, Ökologie und soziale Belange veranschaulichen lässt (Abb. 1.1).

Das Dreieck fällt in sich zusammen, sobald eine Dimension zu sehr dominiert und sich der dazugehörige Winkel im Dreieck weit über 60° ausdehnt. Die anderen beiden Ziele fallen dann im wahrsten Sinne des Wortes flach. Eine weitere gebräuchliche Form der Veranschaulichung sind drei sich überlappende Kreise (Abb. 1.2). Diese Darstellung lässt erkennen, dass „sustainable development" zu erstreben ein Balanceakt ist. Gerät ein Kreis zu groß, entsteht eine Schieflage und das Ziel wird verfehlt.

Eine nachhaltige Entwicklung kommt nicht zustande, wenn ausschließlich die Wirtschaft oder der Naturschutz oder die sozialen Belange zählen. Die wirtschaftliche Leistungsfähigkeit der Gesellschaft muss gewährleistet bleiben. Zentrale ökonomische Felder sind Energie, Verkehr, Gesundheit und Ernährung sowie das

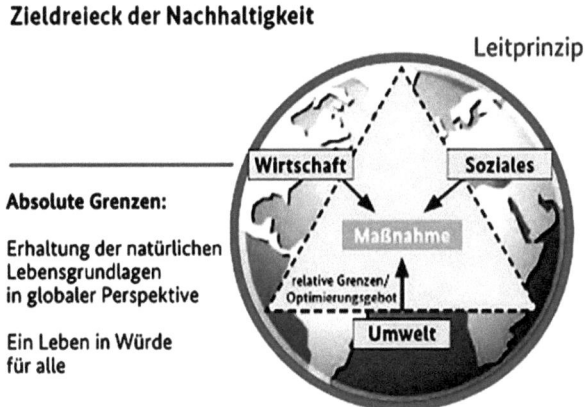

Abb. 1.1 Zieldreieck der Nachhaltigkeit (Bundesregierung, 2016, S. 24)

Abb. 1.2 Das Konzept der nachhaltigen Entwicklung (Barton et al., 2003, S. 5)

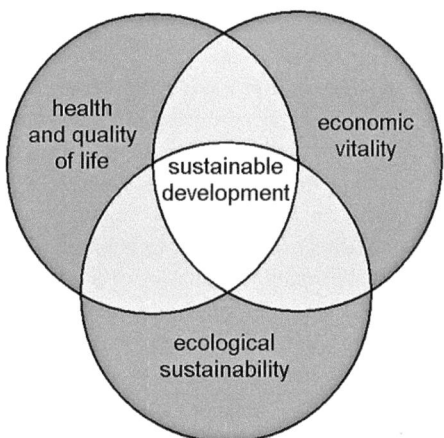

Bauen und Wohnen (de Haan, 2001, S. 188). Was die ökologische Dimension betrifft: Die Abbaurate erneuerbarer Ressourcen darf deren Regenerationsfähigkeit nicht überschreiten. Zu den sozialen Belangen gehören ein Leben ohne Armut und Hunger, die Beachtung der Menschenwürde und Menschenrechte, die Gewährleistung von Selbstbestimmung, aber auch gesellschaftlicher Solidarität.

Die Herstellung einer Balance zwischen den drei Dimensionen Ökologie, Ökonomie und Sozialverträglichkeit ist keinesfalls einfach. Mohr (1996) hat von einem „Dreiklang" gesprochen, der gewahrt bleiben muss, auch wenn es schwierig ist, Kompromisse auszuhandeln. So ist z. B. die Schaffung eines Wohnumfelds mit reichlich Freiräumen und Grünflächen ein sozialpolitisches, die Reduzierung des Verbrauchs an Bauflächen ein ökologisches Ziel (Deutscher Bundestag, 1998, S. 234). Es ist ein typischer Zielkonflikt: Eine zu hohe bauliche Dichte ist sozial unverträglich, eine großzügige Ausweisung von Bauflächen ist ökologisch bedenklich. Die Ziele lassen sich zwar unabhängig voneinander formulieren, doch sobald es um deren Umsetzung geht, müssen alle drei Dimensionen einbezogen und deren Belange gegeneinander abgewogen werden, damit eine optimale Balance erreicht wird und das Dreieck der Nachhaltigkeit aufgespannt bleibt.

In Deutschland war die Enquete-Kommission „Schutz des Menschen und der Umwelt" des 13. Deutschen Bundestages mit dem Thema der nachhaltigen Entwicklung befasst gewesen. Im Vorwort des Abschlussberichts hieß es: „Die Phase des Theoretisierens muss endlich vorbei sein, die Kommission formuliert darum nicht nur konkrete Zielvorstellungen, sondern vor allem mögliche Wege, wie Nachhaltigkeit tatsächlich umgesetzt werden kann" (Deutscher Bundestag, 1998, S. 5). Man wollte ausdrücklich über die bloße Formulierung von Zielen hinausgehen, indem man Wege aufzeigte, wie man dort hingelangen kann. Doch trotz der mehr oder weniger konkreten Vorschläge etwa zu einer nachhaltigen Siedlungsentwicklung oder zu einem umweltverträglicheren Verkehr und der Betonung, dass es jetzt an die Umsetzung gehen sollte, ist man mit der Umsetzung der Vorschläge letztlich nicht spürbar vorangekommen. Es zeigt, wie schwierig es ist, den drei Dimensionen der Nachhaltigkeit gleichermaßen zu genügen. Einfacher ist es, einen neuen Zielkatalog zu erstellen.

Zweifellos ist es nicht der einzelne Mensch, der durch sein individuelles Handeln die ganze Welt verändert. Reheis (2022) hat die Vorstellung, dass Nachhaltigkeit in erster Linie eine Aufgabe ist, die sich an den einzelnen Menschen richtet, schlichtweg als Trugbild bezeichnet. Es sind vielmehr die großen Konzerne und Unternehmen, für die es ein Gewinn ist, große Waldflächen roden, den Fischfang auszuweiten und den Abbau von Rohstoffen aus der Erde zu forcieren. Es ist die Makroebene der Wirtschaft und Politik, für die positive Bilanzen bzw. nationale Interessen im Vordergrund stehen. Angesichts der Machtfülle der oberen Akteursebenen scheint die Individualebene kaum ins Gewicht zu fallen, sodass sich die Psychologie eigentlich zurückziehen und die Diskussion über Nachhaltigkeit den Ökonomen und Politikern überlassen könnte. Das wäre allerdings voreilig, denn es gibt die Dimension „Sozialverträglichkeit" und es gibt noch weitere Akteursebenen (Tab. 1.1), die alle einbezogen werden müssen, wenn es an die Umsetzung der Ziele geht. Und weil es schließlich einzelne Menschen und kleine Gruppen sind, die in den großen Konzernen und Unternehmen und in der Politik Entscheidungen treffen, ist die Psychologie auch auf den höheren Ebenen gefragt. Sie kann z. B. auf den Effekt des „group think" aufmerksam machen, dem Phänomen, dass in Gruppen Entscheidungen getroffen werden, die Außenstehende als falsch oder sogar als unsinnig ansehen (Lück, 1987; Hewstone & Martin, 2014).

Wenn *viele* Menschen etwas machen, sei es in einer großen Menge oder in Gruppen, hat das durchaus eine Wirkung. Beispiele sind Streiks, mit denen man Forderungen durchsetzen will, oder die Nachfrage nach Produkten, von der es abhängt, ob diese vermehrt produziert werden oder ob sie schließlich aus dem Sortiment verschwinden.

Damit die nachfolgenden Generationen keine Not leiden müssen, weil die derzeitige Generation allzu leichtfertig mit den Umweltressourcen umgeht und Verschmutzungen der Luft, der Böden und der Meere bedenkenlos in Kauf nimmt, weil die fatalen Folgen erst irgendwann in der Zukunft eintreten werden, muss auf allen Ebenen gegengesteuert werden. Dazu gehört auch die untere, die Individualebene, auch wenn der einzelne Mensch im Vergleich zur Erde weniger als ein Punkt ist.[2]

Umweltprobleme finden sich in der Lufthülle, in den Flüssen und Meeren, im Grundwasser, in der Erdkruste und den Böden, in der Biosphäre, dem Artenschwund und der Destabilisierung von Ökosystemen. Die schädlichen Einwirkungen durch Emissionen nicht nur der Industrie und des Baugewerbes, sondern auch des massenhaften motorisierten Verkehrs sowie durch Altlasten, Luftverschmutzung, Nahrungserzeugung usw. können durch Schädigung der Umwelt die Gesundheit und das Wohlergehen der Menschen beeinträchtigen (Homburg & Matthies, 1998).

Ein neuer Versuch, die Umweltprobleme anzugehen, ist die „Agenda 2030", ein globaler Aktionsplan, der von den Vereinten Nationen 2015 verabschiedet wurde. Er besteht aus 17 Themenfeldern[3] bzw. Zielen mit insgesamt 169 Unterzielen. Zusammen genommen ergeben sie eine Utopie einer für die heutigen und die künftigen Menschen lebenswerten Welt, in der es keine Armut und keinen Hunger, sondern Gesundheit, Wohlergehen, Bildung, Frieden und Gerechtigkeit für alle gibt.

---

[2] Der Maler Caspar David Friedrich (1774–1840) hat das in dem Bild „Der Mönch am Meer" ausgedrückt. Man sieht einen einzelnen Menschen, klein und verloren in einer überwältigenden Meereslandschaft.

[3] UN (2015). Transforming our world: the 2030 agenda for sustainable development. https:// sdgs.un.org/2030 agenda. Die 17 Ziele sind im Anhang aufgelistet.

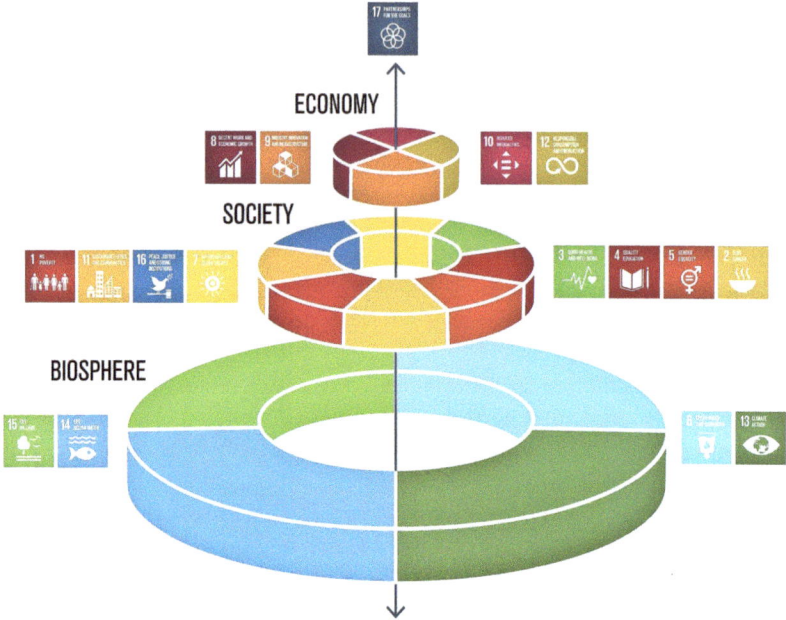

Ziele für Nachhaltige Entwicklung (Stockholm Resilience Centre & Stockholm University, 2016)

Abb. 1.3 Kategorisierung der SD-Ziele nach Dimensionen (Universität Hamburg, 2023, S. 14)

Ein Versuch, die 17 Nachhaltigkeitsziele, statt sie einfach aufzulisten, zu kategorisieren, findet sich im Klimaschutzbericht der Universität Hamburg, dessen Grundlage ein bereits 2016 erstellter Zielkatalog des Stockholm Resilience Center und der Universität Stockholm ist. Darin werden die Ziele den drei Dimensionen der Nachhaltigkeit zugeordnet (Abb. 1.3). Insgesamt sind die Ziele auf das Offensichtliche und weniger auf die Ursachen, wie z. B. das Bevölkerungswachstum (Meadows et al., 1973; Klingholz & Lutz, 2016), gerichtet. Armut und Hunger auf der Erde lassen sich angesichts einer rasant wachsenden Bevölkerung nur schwer beseitigen.

Jedem Themenfeld ist nicht nur eine Nummer, sondern auch noch eine Farbe und ein Logo zugeordnet worden. Man nutzt die Medien, um die siebzehn Zielsetzungen allgemein bekannt zu machen, sodass schließlich alle Welt weiß, dass „SDGs" für „**S**ustainable **D**evelopment **G**oals" steht. Es lässt sich zwischen zwei

Arten von SD-Zielen unterscheiden, was in der einfachen Auflistung nicht erkennbar ist. Die Ziele sind zum einen auf den Menschen bezogen, der gut leben soll, zum anderen auf die Umwelt, die erhalten und geschützt werden soll. Der Mensch soll nicht unter Armut und Hunger leiden, er soll sich wohlfühlen, Bildungschancen haben und gleichberechtigt sein. Die Umwelt soll vor Verschmutzung, Vermüllung, Raubbau, Wüstenbildung und dem Verlust der biologischen Vielfalt geschützt werden.

Zu der Erkenntnis, dass es notwendig ist, die natürliche Umwelt nicht zu schädigen, weil sich die Menschen andernfalls selbst schädigen würden, ist man nicht erst im 21. Jahrhundert gelangt. Das Nachdenken über die Natur, die es zu erhalten gilt, hat schon viel früher begonnen, worüber Hermand (1991) ausführlich berichtet hat. Im 19. Jahrhundert hatte die „Verwirtschaftung" der Natur begonnen. In der Landwirtschaft wurde die Düngung mit chemischen Stoffen eingeführt, um die Erträge zu steigern. Um eine Erhöhung der Effizienz ging es ebenfalls, als der Rhein im frühen 19. Jahrhundert begradigt wurde, was die Schifffahrt erleichterte, aber die angrenzenden Anbauflächen austrocknen und die Pflanzen verdorren ließ, und, weil das Wasser schneller abfließt, wenn man die Flüsse begradigt, zu einer Senkung des Grundwasserspiegels führte. Hermand hat Ernst Moritz von Arndt zitiert, der 1815 in der Zeitschrift „Der Wächter" geschrieben hat: In manchen Landschaften Deutschlands hat man in den letzten zwanzig bis dreißig Jahren sehen können, wie der heillose und ruchlose Unfug mit edlen Bäumen und Wäldern zu einer Zerstörung der Natur geführt hat und zwar „weil der einzelne Besitzer mit der Natur auf das willkürlichste schalten und walten kann. Was kümmert es den, … wovon sein Urenkel noch zehren sollte, ob er eine öde und Menschen künftig wenig erfreuliche, ja Menschen kaum brauchbare Erde hinterlässt?" (Hermand, 1991, S. 44 f.). Wenn Bäume und Wälder abgeholzt werden, damit die Besitzer, die es nicht kümmert, dass sie den Nachkommen eine Ödnis hinterlassen, zu Reichtum gelangen, dann ähnelt das durchaus der heutigen Situation.

Im Zuge der Mitte des 19. Jahrhunderts in Deutschland einsetzenden Industrialisierung und der beginnenden Verstädterung wurden die Umweltprobleme immer offenkundiger. Ein Versuch, gegen zusteuern, war die Lebensformbewegung um 1900 gewesen, die sich gegen die krank machenden unnatürlichen Auswirkungen der städtischen Lebensweise richtete. Die „Naturfreunde" lehnten den mit der Industrialisierung einher gehenden „Fortschrittskult" ab. Ludwig Klages schrieb dazu 1913: „Zerrissen ist der Zusammenhang zwischen Mensch und Erde, vernichtet für Jahrhunderte, wenn nicht für immer … aus den Flussläufen, welche einst in labyrinthischen Krümmungen zwischen üppige Hängen glitten, macht man schnurgerade Kanäle …" (zitiert bei Hermand, 1991, S. 98).

Großes Aufsehen erregte das 1961 in den USA erschienene Buch „The silent spring" von Rachel Carson, das schon ein Jahr später in deutscher Übersetzung vorlag. Geschildert wird ein Frühling ohne Vogelgesang, denn nachdem die Böden mit Pestiziden und sonstigen Unkrautvernichtungsmitteln chemisch verseucht wurden, finden die Vögel keine giftfreie Nahrung mehr. Man hört sie nicht mehr singen, weil sie dieses Desaster nicht überlebt haben. Weithin bekannt wurde dann der 1972 veröffentlichte Bericht „The Limits of Growth" des Club of Rome, der bereits ein Jahr später in deutscher Übersetzung unter dem Titel „Die Grenzen des Wachstums" erschien (Meadows et al., 1973). In dem Bericht wurden die Ergebnisse einer Studie, an der ein interdisziplinäres Team von Fachleuten beteiligt gewesen war, zur Zukunft der Weltwirtschaft und des Ökosystems Erde dargestellt. Mit Hilfe von Computersimulationen waren verschiedene Szenarien durchgespielt worden, wobei die Auswirkungen der Industrialisierung, des Bevölkerungswachstums, der Unterernährung, der Ausbeutung von Rohstoffreserven und der Zerstörung von Lebensräumen analysiert wurden. Zugrunde lag ein hochkomplexes Weltmodell mit sehr vielen Variablen, darunter der Rohstoffverbrauch, das Ausmaß der Umweltverschmutzung, die Bevölkerungsdichte und die Geburtenrate. Das Fazit der Experten lautete, dass das drohende ökologische Desaster nur durch eine radikale Bevölkerungsbeschränkung, einem deutlich sparsameren Verbrauch der übrig gebliebenen Rohstoffe und einer Reduzierung des materiellen Wohlstands aufgehalten werden kann. Dieser Bericht war so brisant, dass er aufschreckte. Er führte die fatalen Folgen eines „Weiter so wie gewohnt" vor Augen. Jetzt griffen erstmals auch die Massenmedien das Thema auf. „Letztlich wiesen alle Nachrichten, die sich mit ökologischen Problemen beschäftigten, immer wieder auf die harten Fakten der Naturverschmutzung und alle mit ihr zusammenhängenden Bedrohungen hin … Durch diesen Einbruch in die Massenmedien entstand erstmals … eine breitere Öffentlichkeit. Nach diesem Zeitpunkt war es kaum noch möglich, solche Fragen einfach zu ignorieren" (Hermand, 1991, S. 134). Die Fachleute im Club of Rome hatten einen Kollaps der Menschheit im 21. Jahrhundert vorausgesagt. Dieser ist bislang nicht eingetreten. Das liegt nach Ansicht von Klingholz und Lutz (2016) daran, dass die Vorräte an Öl, Gas und Kohle größer sind, als man gedacht hatte, und dass zwischenzeitlich technische Innovationen auf den Weg gebracht wurden. Die eigentlichen Probleme seien heute die Entsorgung der Abfallprodukte und dann die Überproduktion an Kohlendioxid, das den Klimawandel verursacht.

Die Reihe der Berichte wurde mit dem 1987 vorgelegte Brundtland-Report „Our common future" fortgesetzt, in dem das Ergebnis der 1983 gegründeten Weltkommission für Umwelt und Entwicklung der Vereinten Nationen vorgestellt wurde, in der die damalige norwegische Ministerpräsidentin Gro Harlem

Brundtland den Vorsitz innehatte. Nachhaltige Entwicklung wurde definiert als eine Entwicklung, die es erlaubt, dass die heute lebenden Menschen ihre Bedürfnisse befriedigen können, ohne jedoch zu riskieren, dass es den in der Zukunft lebenden Menschen nicht mehr möglich ist. Erkennbar ist hier eine anthropozentrische Haltung: Es geht in erster Linie um den Menschen, der seine Bedürfnisse befriedigen können soll, weniger um den Erhalt der Natur um ihrer selbst willen.

Rachel Carsons Buch „Der stumme Frühling", der Bericht des Club of Rome und der Brundtland Report sind „Meilensteine" gewesen, die wesentlich zur Entstehung eines gesellschaftlichen Umweltbewusstseins beigetragen haben.

Inzwischen sind seit dem Bericht des Club of Rome mehr als fünfzig Jahre vergangen und man hat nicht den Eindruck, dass die Probleme gelöst sind, obwohl es zweifellos zahlreiche Ansätze in dieser Richtung gegeben hat. Eher haben sich die Probleme infolge der Globalisierung und des anhaltenden Bevölkerungswachstums noch verstärkt. Man fragt sich jedoch, warum man trotz der Willensbekundung, die sich in der Definition ausdrückt, dass eine Gesellschaft nachhaltig ist, wenn sie über die Generationen hinweg existenzfähig bleibt, noch so weit weg vom zu erreichenden Gesamtziel ist. Gründe können nicht effektive Lösungsansätze und nicht passende Strategien sein, auf die man gesetzt hat. Drei grundsätzliche Strategien sind die Erhöhung der Effizienz, die Ermöglichung von Konsistenz und schließlich auch mehr Suffizienz (Hunecke, 2022). Die Effizienzstrategie erscheint auf den ersten Blick vielversprechend zu sein. Sie hat jedoch einen Nebeneffekt. Denn eine effizientere Nutzung natürlicher Ressourcen kann dazu führen, dass „große Teile der durch Effizienzmaßnahmen eingesparten Ressourcen durch Rebound-Effekte und neu geschaffene Bedürfnisse … aufgezehrt werden" (Hunecke, 2022, S. 13). Beim Energieverbrauch zeigt sich der Rebound-Effekt in der Weise, dass die Effizienzsteigerung einer Energiedienstleistung zu einer verstärkten Nutzung dieser Dienstleistung führen oder eine Steigerung des Verbrauchs an anderer Stelle auslösen kann (Dütschke & Blöbaum, 2022). Wer z. B. in einem Passivhaus wohnt, verbraucht im Bewusstsein, dass er in einem energiesparenden Haus lebt, unter Umständen möglicherweise sorglos noch mehr Heizenergie.

Ein Rebound Effekt lässt sich auch bei dem Deutschlandticket feststellen, indem man häufiger unterwegs ist als man es sonst wäre. Ein historisches Beispiel, das vor Augen führt, wie rasch die neuen Handlungsoptionen genutzt werden, um noch mehr als bisher zu machen, ist die gesteigerte Mobilität, die mit der Erfindung und Verbreitung der Eisenbahn im 19. Jahrhundert einsetzte, mit der eine schnellere und bequemere Überbrückung von Entfernungen möglich geworden war (Schivelbusch, 2015). Alle Welt begann zu reisen, denn jetzt konnte man dank dieses neuen Verkehrsmittels weitere Strecken in der gleichen Zeit zurücklegen. Neue Bedürfnisse entstanden: Jetzt wollte man eine bislang nicht erreichbare Umwelt erkunden, neue Erfahrungen machen und die unbekannte Welt erleben.

Die Strategie der Konsistenz umfasst Transformationen in ökologisch verträglichere Formen wie die Umstellung der Energieversorgung von fossilen auf regenerative Energiequellen oder die Eindämmung des Autoverkehrs zugunsten des nicht motorisierten und des öffentlichen Verkehrs. Man setzt auf die Fortschritte der Technologie, wobei die Entwicklungskosten immens sein können. Und nicht jede neue Technologie ist nachhaltig. Für Smartphones werden z. B. seltene Rohstoffe wie Kobalt gebraucht, die in den Minen in Zentralafrika unter den schlimmsten ausbeuterischen Bedingungen abgebaut werden (Kara, 2024). Die Abbaupraktiken sind alles andere als nachhaltig; sie sind das genaue Gegenteil des Ziels Nr. 8: menschenwürdige Arbeit.

Des Weiteren werden für die Speicherung der digitalen Datenfluten große Energiemengen benötigt. Mit anderen Worten: die technologische Entwicklung allein wird die Probleme nicht lösen, sie schafft sogar unter Umständen neue Probleme und sie vertieft die Ungleichheit zwischen reichen und armen Ländern.

Die Strategie der Suffizienz ist vor allem auf eine Veränderung des Konsumverhaltens gerichtet sowie insgesamt auf ein „Weniger". Neben den anderen beiden Strategien hat sie bislang nur wenig Gewicht gehabt. Man setzt vor allem auf eine Steigerung der Effizienz und auf Konsistenz durch neue Technologien. Das war nicht immer so gewesen. Man denke an das christliche Ethos der Bescheidenheit und Genügsamkeit, auf das Hermand (1991) hingewiesen hat. Max Weber hatte sich zu Beginn des 20. Jahrhunderts mit der protestantischen Ethik befasst, die er mit der Industrialisierung und dem westeuropäischen Kapitalismus in Beziehung gesetzt hat. Das kapitalistische Prinzip der Akkumulation von Kapital und der Investition der erwirtschafteten Gewinne setzt einen Belohnungsaufschub voraus, was, wie Weber gemeint hatte, der Ethik des asketischen Protestantismus entsprochen hat. Religiöse und ökonomische Überzeugungen treffen hier zusammen. Ähnlich hat sich Gadamer (1969) geäußert. Er hat die *gehemmte Begierde* als eine Grundvoraussetzung für die Entstehung und Existenz menschlicher Kultur angesehen. Der Belohnungsaufschub ist ein Verzicht auf einen unmittelbaren lustvollen Moment. Voraussetzung für die Bereitschaft, etwas aufzuschieben, ist eine Zukunftsorientierung. Man wird später belohnt werden. Erst muss gearbeitet werden, danach folgt der Lohn, oder: „Erst die Arbeit, dann das Vergnügen".

Der Suffizienzstrategie wurde lange Zeit kaum eine Bedeutung beigemessen. Man hat gemeint, mit technologischen Errungenschaften und Steigerungen der Effizienz eine nachhaltige Entwicklung bewerkstelligen zu können. Im einen

Fall ist jedoch ein Rebound-Effekt wahrscheinlich oder zumindest nicht auszuschließen, im anderen Fall stößt man an die Grenzen des technisch Machbaren und Finanzierbaren.

Die oberen Akteursebenen setzen auf Instrumente wie monetäre Transaktionen und den Einsatz neuer Technologien. Man vertraut darauf, dass die Strategien der Effizienz und Konsistenz „das Rettende" sind, das die Gefahr, nämlich die Folgen einer nicht nachhaltigen Entwicklung, zu bannen vermag.[4] Dem stehen jedoch die hohen Ansprüche entgegen, die sich im Laufe der Wohlstandsjahre herausgebildet haben. Ein Beispiel ist die Wohnfläche. In einer Pressemitteilung des Statistischen Bundesamts vom 29. Juni 2023 heißt es: Die durchschnittliche Wohnfläche pro Kopf ist seit der deutschen Vereinigung um 37 % gestiegen – auf 47,7 Quadratmeter Ende 2021 (Pressemitteilung Nr. No 41).

In neuerer Zeit zeichnet sich jedoch ein Umdenken ab. Der Sachverständigenrat für Umweltfragen, ein wissenschaftliches Beratungsgremium der Bundesregierung, hat jetzt die Suffizienzstrategie in den Blickpunkt gerückt.[5] In einem im März 2024 veröffentlichen Papier heißt es, dass die bisherigen Ansätze für den Schutz der Umwelt offensichtlich nicht ausreichen. Ohne Suffizienz, der „Strategie des Genug", wird es nicht gehen.

Genauso wenig wie man auf Suffizienzstrategien verzichten kann, genauso wenig können die ökologischen Probleme allein auf globaler Ebene gelöst werden. Mohr (1996) hat das damit begründet, dass es kein weltweit gleiches Bewusstsein für den Wert ökologischer Güter gibt und dass es äußerst fraglich ist, ob ein weltweiter Konsens z. B. hinsichtlich einer CO_2-reduzierten Energiewirtschaft erreicht werden kann, denn die Regionen der Erde sind unterschiedlich betroffen. Sein Vorschlag ist: Man sollte regional vorgehen und dort das Richtige tun, was zum Vorbild für andere Regionen werden könnte.

Alle Strategien können nur dann wirksam sein, wenn sie von den bestehenden Wirkungszusammenhängen ausgehen und diese zur Grundlage von Interventionen machen. Ein solcher Zusammenhang besteht z. B. zwischen Bildung und Geburtenrate (Klingholz & Lutz, 2016). Vermehrte Bildungschancen für Mädchen und damit auch Erwerbarbeitsmöglichkeiten für Frauen in den Entwicklungsländern werden mit großer Wahrscheinlichkeit mittel- bis langfristig zu einer Senkung der Geburtenrate führen und damit auch zur Erreichung der Ziele Nr. 1 und 2: keine Armut und kein Hunger, beitragen (Hustedt, 2001; Klingholz & Lutz, 2016).

---

[4] Im Gedicht von Hölderlin „Patmos" heißt es: „Wo Gefahr ist, wächst das Rettende auch".

[5] https://www.umweltrat.de/SharedDocs/Pressemitteilungen/DE/2020_2024/2024_03_PM_Suffizienz_als_Strategie_des_Genug.html?nn=400658

Die sich mit der Erforschung der Mensch-Umwelt-Beziehungen befassende
Psychologie kann auf mehrfache Weise zu einer nachhaltigen Entwicklung beitragen. Sie liefert theoretische Grundlagen, um vermutete und empirisch bestätigte
Wirkungszusammenhänge darzustellen, sodass es möglich wird, planvoll und
gezielt vorzugehen, um Verhalten in Richtung „nachhaltig" zu beeinflussen. Und
sie liefert empirisch fundierte Konzepte und Erkenntnisse über die Einflussfaktoren des Erlebens und Handelns. Ein Modell, das in der Umweltschutzpsychologie
weite Verbreitung gefunden hat (Schahn, 1993a; Homberg & Matthies, 1998;
Hellbrück & Kals, 2012 usw.), ist das Einflussschema für umweltrelevantes Verhalten von Fietkau und Kessel (1981). In vielen Studien und wissenschaftlichen
Beiträgen, die sich mit Themen wie Umweltbewusstsein und umweltgerechtem
Verhalten befassen, wurde es immer wieder herangezogen. Dieses Modell wurde
hier mit einem umweltpsychologischen Rahmen versehen, indem als weitere
Einflussfaktoren Umwelt- und Persönlichkeitsmerkmale hinzugefügt wurden.

Durch Einbeziehung der Umweltmerkmale: des physisch-räumlichen, sozialen, kulturellen und gesellschaftlichen Kontextes, sowie der Persönlichkeitsmerkmale lässt sich Verhalten noch besser erklären und möglicherweise auch
beeinflussen. Persönlichkeitseigenschaften sind sowohl relativ stabile Merkmale
wie Extraversion und Offenheit gegenüber neuen Erfahrungen (traits), die kaum
zu beeinflussen sind, als auch Bedürfnisse (states).

Und weil viele Verhaltensweisen nicht geplant sind, wie in der Theorie des
geplanten Verhaltens von Ajzen (1991) angenommen wird (Abb. 1.5), sondern
automatisch ablaufende Verhaltensmuster, wurden in das Einflussschema Verhaltensroutinen als weiterer Faktor hinzugefügt. Vor allem Stern (2000) hat auf die
Bedeutung von Verhaltensroutinen hingewiesen. Sie sind „eingespielt" und werden automatisch ausgeführt, ohne dass weiter darüber nachgedacht wird, sie sind
nicht geplant. Man nutzt z. B. gewohnheitsmäßig das Auto auf dem Weg zur
Arbeit ohne sich darüber Gedanken zu machen, ob es gut für die Umwelt ist. Ein
Grund zu planen, ergibt sich erst in dem Moment, in dem das gewohnte Verhalten
nicht möglich ist, weil z. B. eine Baustelle die bisher benutzte Straße blockiert
oder ein Streik einen daran hindert, wie gewohnt mit der Bahn zu fahren.

Die Theorie des geplanten Verhaltens von Ajzen (1991) liefert mit den sozialen
Normen, die das individuelle Verhalten wesentlich mitbestimmen, eine wichtige
Ergänzung. Menschen sind nicht allein voneinander unabhängige Einzelwesen,
sie sind immer auch Sozialwesen, die sich am Verhalten der anderen und an
sozialen Normen orientieren. Sie leben und handeln in sozialen, kulturellen und
gesellschaftlichen Umwelten.

Soziale Normen gewährleisten, dass Gemeinschaften und Gesellschaften funktionieren, denn sie liefern eine Richtschnur, wie man sich zu verhalten hat. Einer

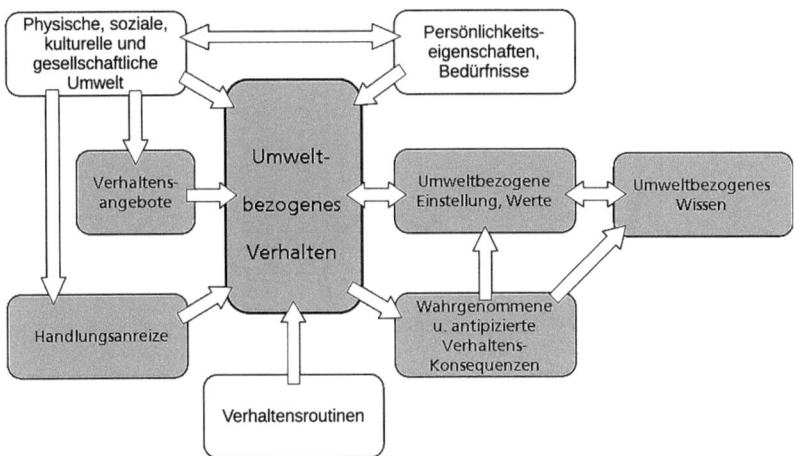

Abb. 1.4 Einflussschema für umweltrelevantes Verhalten (erweitert, in Anlehnung an Fietkau & Kessel, 1981, eigene Grafik)

grenzenlosen Selbstbestimmung und Selbstverwirklichung (Ahrbeck, 2024) wird so ein Riegel vorgeschoben. Die sozialen Normen, die von gesetzlichen Regelungen und Vorschriften bis hin zu informellen Normen reichen, und die vorgeben, wie man „richtig" lebt und wie man zu handeln hat, fungieren hier wie ein Stoppschild.

Abb. 1.5 bringt die Wechselbeziehungen zwischen den Einflussfaktoren anschaulich zum Ausdruck, was die Komplexität der Wirkungszusammenhänge vor Augen führt. Wie einflussreich soziale Normen sind, tritt übrigens in „Fahrradstädten" wie Kopenhagen, Münster, Erlangen usw. zutage. Dort ist es das Normale, dass man Rad fährt.

Die weiteren Komponenten in der Theorie des geplanten Verhaltens sind Einstellungen und wahrgenommene Handlungsmöglichkeiten, beide sind auch in dem Einflussschema für umweltbezogenes Verhalten enthalten (Abb. 1.4). Auch die sozialen Normen sind darin repräsentiert, sie sind Bestandteil der sozialen, kulturellen und gesellschaftlichen Umwelt.

Ein Grundelement in dem Einflussschema ist das instrumentelle Lernen, bei dem das Verhalten das „Instrument" ist, das bestimmte Konsequenzen erzeugt. Durch gleichartige wiederholte Konsequenzen wird ein Verhalten bekräftigt oder, im Falle, dass die Konsequenzen negativ sind, „gelöscht" (Zimbardo & Gerrig, 2004). Damit ist klar: Wenn Menschen sich umweltgerecht verhalten sollen, muss

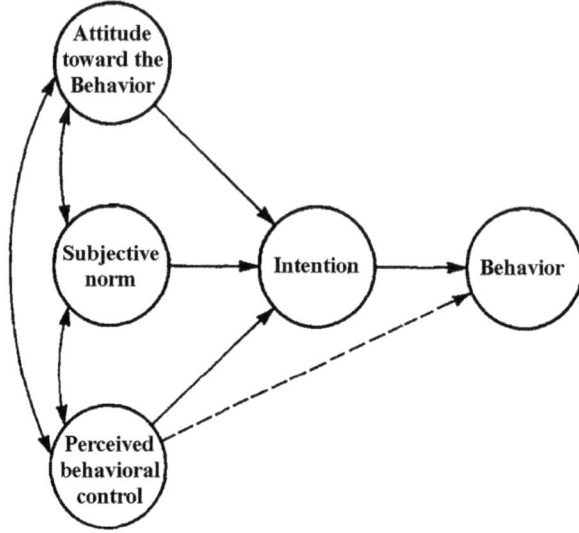

Abb. 1.5 Theorie des geplanten Verhaltens (Ajzen, 1991, S. 182)

dieses Verhalten positiv verstärkt werden. Der Zusammenhang zwischen Hand-
lung und Handlungsfolgen ist damit ein Kernelement in Bezug auf das Ziel, die
nachhaltige Entwicklung voranzubringen.

Dies gilt übrigens nicht nur für die individuelle, sondern auch für die überindividuelle Ebene: Durch eine systematische Folgenabschätzung oder Evaluation
von Maßnahmen versucht man, den Zusammenhang zwischen den Interventionen
und deren Erfolg (oder Misserfolg) zu ermitteln.

Umweltbezogenes Verhalten kann durch seine Auswirkungen definiert werden
als das Ausmaß, in dem es die vorhandene Materie oder Energie oder die Struktur und Dynamik von Ökosystemen verändert (Stern, 2000). Die Bezeichnungen
„umweltbezogen" und „umweltrelevant" enthalten anders als die Bezeichnungen
„umweltgerecht" oder „umweltbewusst" oder „nachhaltig" keine Bewertung. Im
englischen Wort „sustainable" ist der Umweltschutzgedanke unmittelbar ablesbar:
„to sustain" bedeutet aushalten, *ertragen*. Der Mensch darf die Umweltressourcen
nur in einem *erträglichen* Maß nutzen, damit die Umwelt keinen Schaden nimmt.

Die im Einflussschema für umweltrelevantes Verhalten aufgeführten Einflussfaktoren verweisen auf mögliche Ansätze, umweltgerechtes Handeln zu
fördern. Ein primärer Einflussfaktor ist das Umweltwissen, von dem es abhängt,

welche umweltbezogenen Einstellungen sich herausbilden. Einstellungen sind bewertende Urteile: „Als ‚Einstellungen' bezeichnet man Bewertungen von Sachverhalten, Menschen, Gruppen und anderen Arten von Objekten unserer sozialen Welt. Einstellungen sind wichtig, weil sie die Art und Weise beeinflussen, wie wir die Welt wahrnehmen und uns verhalten" (Haddock & Maio, 2014, S. 198). Umweltbezogenen Einstellungen und auf die Umwelt gerichtete Wertvorstellungen entwickeln sich auf der Grundlage des Wissens über die Umwelt. Es ist eine Wechselbeziehung: Das Wissen beeinflusst die Einstellungen, die Einstellungen haben einen Einfluss darauf, welche Informationen aufgenommen werden, auf denen wiederum das Wissen beruht. Einstellungen und Verhalten korrelieren, sodass eine Veränderung der Einstellung ein Ansatzpunkt ist, um Verhalten zu beeinflussen. Kognitive Dissonanz entsteht, wenn Einstellung und Verhalten nicht übereinstimmen. Die dadurch hervorgerufene Dissonanz löst unangenehme Spannungsgefühle aus, die man dadurch zu beseitigen trachtet, indem man entweder die Einstellung oder das Verhalten verändert oder auch, indem man sich rechtfertigt (Bierhoff, 2002). Zum Beispiel: „Mir blieb nichts anderes übrig, ich konnte in dieser Situation nicht anders handeln, auch wenn es gegen meine Überzeugung ist". Rechtfertigen heißt, etwas hinzufügen, z. B. das Argument, dass man keine Wahl hatte.

Hier zeigt sich erneut, dass die Umweltbedingungen einen wesentlichen Einfluss darauf haben, wie sich ein Mensch verhält. Ein Mensch legt seine alltäglichen Wege auch deshalb mit dem Auto zurück, weil es dort, wo er wohnt, kein Angebot an öffentlichen Verkehrsmitteln gibt. Er wohnt nicht in der Stadt, in der er das Auto nicht bräuchte, weil er dort keine bezahlbare Wohnung gefunden hat; er muss mit dem Auto fahren, weil an seinem Wohnort nur zweimal am Tag ein Schulbus fährt. Und weil es zu weit zu seinen Zielorten ist, fährt er nicht mit dem Fahrrad. Für den Stadtbewohner ist ein Fahrradweg, der durch einen wunderschönen Park statt an einer stark befahrenen Straße entlang führt, ein Anreiz, mit dem Rad statt mit dem Auto ins Büro zu fahren. Man ist an der frischen Luft, genießt die grüne Natur und bleibt fit. Um jedoch so handeln zu können, braucht man außer einem Fahrrad auch eine günstige Wohnlage.

Will man erreichen, dass die Menschen nachhaltig handeln, indem sie ihre Bedürfnisse befriedigen, ohne dabei die Umwelt zu belasten und ohne andere Menschen auszunutzen, muss man sie befähigen, indem man ihnen Umweltwissen vermittelt, und man muss ihnen Handlungsspielräume lassen oder eröffnen und man muss sich Gedanken über mögliche Handlungsanreize machen, die zu nachhaltigem Handeln motivieren. Verbote sind das Gegenteil von Anreizen, sie schaffen Zwänge statt Motivation. Sie werden außerdem als Bevormundung und „Gängelung" erlebt. Lerntheoretisch ist das keine empfehlenswerte Strategie,

zumal Bestrafungen nur solange wirken, solange sie andauern. Ein Verhalten, auf
das eine Belohnung folgt, wird dagegen beibehalten, auch wenn die Belohnung
irgendwann aufgehört hat (Zimbardo & Gerrig, 2004). Denn inzwischen hat man
gelernt, dass es gut und lohnend ist, sich, so man es jetzt macht, zu verhalten.

Die Komponenten Umweltwissen und Wissenserwerb, Einstellungen und
Wertvorstellungen, auf die Umwelt gerichtetes Verhalten sowie Verhaltensangebote und Handlungsanreize bilden *ein System*, d. h. ändert sich die eine Variable,
hat das Auswirkungen auf die anderen. Ein Beispiel: Die Einführung des preis-
werten Deutschlandtickets, mit dem man in ganz Deutschland die öffentlichen
Verkehrsmittel und Regionalbahnen nutzen kann, ist ein Handlungsanreiz, Busse
und Bahnen anstelle des Autos zu nutzen. Die Erfahrungen, die dabei gemacht
werden, sind die wahrgenommenen Verhaltenskonsequenzen. Diese haben einen
Einfluss auf die Einstellungen, die, je nachdem ob die Konsequenzen positiv oder
negativ sind, in dieser oder jener Richtung verändert werden.

Im SD-Ziel-Katalog werden keine Zusammenhänge aufgezeigt, es fehlt jeder
Versuch, mögliche Wirkungszusammenhänge zu skizzieren. Es gibt nur eine einfache Auflistung von Zielsetzungen. Dass Armut langfristig verringert werden
könnte, indem man Bildung fördert, wird nicht formuliert, obwohl Armut und
eine fehlende Berufsausbildung insbesondere bei Frauen korrelieren (Hustedt,
2001). Die Armut besteht nicht nur fort, sie verschlimmert sich noch infolge
der vielen Kinder, die geboren werden und ernährt werden müssen. Solange solche Zusammenhänge nicht beachtet und zur Grundlage von Maßnahmen werden,
werden sich die Probleme Armut und Hunger kaum lösen lassen.[6]

„Ein angemessener Umgang mit der Natur setzt die Fähigkeit zum Denken
und Handeln in komplexen, sich ständig ändernden und unbestimmten Umwelten voraus. Zahlreiche psychologische Untersuchungen verweisen jedoch auf die
Begrenztheit menschlicher Fähigkeiten, ‚systemisch' zu denken und zu handeln"
(Lantermann, 2001, S. 117). Man lässt sich lieber gar nicht erst auf Komplexität ein, die einen überfordern könnte. Es kommt noch hinzu, dass es schwierig
ist, zu einem Konsens und einer tragfähigen Balance zwischen den Grunddi-
mensionen Ökonomie, Ökologie und psychosoziale Belange zu gelangen. Ohne
einen solchen Konsens lässt sich jedoch eine nachhaltige Entwicklung nicht
verwirklichen.

---

[6] Plan International ist eine Organisation der Entwicklungszusammenarbeit und humanitären
Hilfe, die sich weltweit für die Chancen und Rechte der Kinder und insbesondere für gleiche Möglichkeiten für Jungen und Mädchen engagiert. https://de.wikipedia.org/wiki/Plan_I
nternational. Sie verknüpft die beiden Ziele „keine Armut" und „Bildung für alle". Die Organisation Plan International Deutschland e. V. setzt mit dem Motto „Bildung ist die Waffe der
Frau" vor allem auf das Recht auf Bildung für Mädchen in den Entwicklungsländern.

Die Ziele „Nr. 4: Bildung für alle" und „Nr. 5: Gleichstellung der Geschlechter", können nicht erreicht werden, wenn die kulturellen Sitten und Gebräuche dem entgegenstehen. Es können Barrieren sein, die Handlungsoptionen ausschließen. In dem Maße, in dem seine Handlungsmöglichkeiten reduziert sind, verringert sich der Einfluss des Menschen auf die Umwelt. Er kann nur wenig ausrichten. Er kann nicht nachhaltig handeln, wenn seine Lebensumstände ein solches Handeln behindern statt zu fördern. Lantermann (1999) hat die Barrieren für umweltgerechtes Handeln untersucht. Eine *mentale* Barriere ist das Erkennen, dass die Effekte des individuellen Handelns in der Menge anders handelnder Menschen verpuffen. Wenn man sich dazu entschließt, das Fahrrad anstelle des Autos zu nutzen, wird sich der massenhafte motorisierte Individualverkehr nicht merklich verringern. Eine *externe* Barriere sind fehlende Verhaltensangebote und Handlungsmöglichkeiten. Das bereits angeführte Beispiel ist der „captive driver": ein Mensch, der seinen von der Wohnung weit entfernten Arbeitsplatz sowie andere alltäglich wichtigen Zielorte nur mit dem Auto erreichen kann, weil es kein öffentliches Verkehrsmittel gibt. Er ist „gefangen"; ihm bleibt gar nichts übrig, als mit dem Auto zu fahren. Wie Fuhrer und Wölfing (1997) es pragmatisch ausgedrückt haben: Man muss sich nachhaltiges Verhalten leisten können.

Ein Beispiel für eine sozial bedingte Begrenzung der Handlungsmöglichkeiten ist die Allmende-Klemme, eine gemeinsame Weide, die sich mehrere Schäfer teilen müssen. Es funktioniert nur, wenn gewährleistet ist, dass die individuelle Zurückhaltung nicht ausgenutzt wird, indem die anderen umso mehr Schafe auf die Weide treiben. Ein zeitgemäßeres Beispiel anstelle der Schafweide ist der Straßenraum, der ebenfalls begrenzt ist. Wer ein großes Auto hat, beansprucht mehr Platz als ein Fußgänger oder Radfahrer. Er fühlt sich dabei voll im Recht (Abb. 1.6).

Nachhaltiges Handeln kann durch informelle Normen und gesellschaftliche Zwänge erschwert werden. So hat das Ziel Nr. 12: Nachhaltiger Konsum und Produktion, um den Rohstoffverbrauch und die Menge an Müll zu reduzieren, in einer auf Konsum angelegten Gesellschaft nur wenig Chancen, verwirklicht zu werden. Eine Steigerung des Konsums ist die geltende Devise, Handlungsanreize sind Sonderangebote und herabgesetzte Preise im „Sale". Dass das Ziel eines nachhaltigen Konsums nicht leicht zu realisieren ist, zeigt ein Blick auf die Wirklichkeit. Man erblickt eine auf Konsum ausgerichtete Konsumwelt (vgl. Abb. 2.2).

Alle Einflussfaktoren sind ein „Hebel", um umweltbezogenes Verhalten in Richtung *umweltgerecht* zu lenken. Leitfragen können sein:

Abb. 1.6 Ein soziales Dilemma (Reprint mit freundlicher Genehmigung, copyright Andy Singer)

- Ist das Wissen über die natürliche Umwelt ausreichend? Bestehen genügend Möglichkeiten, die Natur direkt zu erfahren?
- Wie ausgeprägt sind das Umweltbewusstsein bzw. die auf die natürliche Umwelt bezogene Einstellungen?
- Gibt es ausreichend Verhaltensangebote bzw. Handlungsfreiräume, die ein umweltgerechtes Verhalten ermöglichen?
- Gibt es externe Anreize, die motivierend wirken?
- Hat nachhaltiges Verhalten positive Folgen? Oder ist es womöglich von Nachteil, weil es teurer ist oder weil andere umso mehr profitieren?

- Stehen Verhaltensroutinen einem nachhaltigen Verhalten im Wege? Lassen sie sich ohne größeren Aufwand unterbrechen?

Ausgerüstet mit theoretischem und empirisch fundiertem Wissen über die Zusammenhänge zwischen Umweltbedingungen und Verhalten (u. a. Bell et al., 2001; Hellbrück & Kals, 2012; Kals et al., 2023), kann das psychologische Know-how von Nutzen sein, um das Ziel der nachhaltigen Entwicklung voranzubringen. Psychologen und Psychologinnen könnten darüber hinaus als Mediatoren tätig werden, die die Kommunikation zwischen den Beteiligten, die unterschiedlicher Meinung sind, steuern und verbessern (Reichenbach, 2020). Wie es Stern et al. (1993) formuliert haben, ist Umweltpolitik – wie jede Politik – ein Austausch zwischen potenziellen Gewinnern und potenziellen Verlierern. Wegen unterschiedlicher Interessen, Wertvorstellungen, Positionen und „world views" (Weltsichten) ist die Kommunikation schwierig; Verhandlungen können sich in die Länge ziehen oder auch scheitern.

Seit der Globalisierung und dem beinahe allen Menschen zugänglichen Internet hat sich die Lebenswelt der Menschen grundlegend verändert. Nicht nur die reale Welt, die jetzt in den Blick genommen werden kann, hat sich vergrößert, sondern auch die Menge an Information. Wohin der Blick gerichtet wird und welche Informationen aufgenommen und verarbeitet und dann auch noch gespeichert werden, ist noch viel individueller und unterschiedlicher geworden. Alle diese Entwicklungen münden in eine individualisierte Gesellschaft (Flade, 2020). Das in einer solchen Gesellschaft geltende Motto „Jeder ist seines Glückes Schmied" führt zum Schwinden der Verantwortlichkeit für andere. Für deren Glück ist man nicht mehr verantwortlich. Die gemeinsame Weide, die Allmende, wird nicht mehr geschont, wenn jeder nur an sein eigenes Glück denkt; sie wird geplündert. Es ist ein Szenario mit vielen Menschen. Entscheidend für den Fortbestand des Gemeinguts ist, ob diese Vielen solidarisch oder egoistisch handeln.

Viele Menschen sind beteiligt, wenn neue Technologien entwickelt werden oder wenn Wälder gerodet, Meere vermüllt, Flüsse durch Schwermetalle belastet, die Böden durch eine intensiv betriebene Landwirtschaft kontaminiert werden und die Luft mit Schadstoffen verunreinigt wird (Reusswig, 1999). Auch wenn es *der Mensch* heißt, der all das macht, so ist damit nicht ein Einzelner gemeint, sondern es sind *die Menschen* bis hin zur *Menschheit*. Diese beiden Ebenen werden oft vermengt. Es ist kein einzelner Mensch, der Berge von Müll produziert und Städte in eine Smog-Wolke hüllt, es sind immer viele Menschen, die dazu beitragen und die es so machen wie anderen Menschen auch. Es sind außer formalen Regeln, Gesetzen und Vorschriften auch nicht kodifizierte informelle Normen, die sich in Gemeinschaften und Gesellschaften herausbilden, an denen sich der Einzelne orientiert. Um das eigene Verhalten zu rechtfertigen, bezieht man sich darauf. Warum sollte es einen kümmern, wenn es die anderen auch nicht schert?

Auf der anderen Seite heißt es, dass es letztlich der einzelne Mensch ist, der sich in einer bestimmten Weise verhält, sodass auch er verantwortlich für die Folgen ist. Renn (1996) hat als „Illusion marginaler Nutzung" den Eindruck bezeichnet, dass man als einzelner Mensch nichts bewirken kann (S. 92). Es ist eine Illusion, weil er das durchaus könnte. Man kann sich indessen damit rechtfertigen, dass es gar nichts bringen würde, wenn man es als Einzelner anders machen würde. Doch das trifft nur bedingt zu, denn Veränderungen werden nicht immer von Mehrheiten getragen. Moscovici (1976) hat argumentiert, dass es den Einfluss von Minderheiten geben muss, weil sonst nicht erklärt werden könnte, wie sich neue Ideen durchsetzen und wie sich Innovationen verbreiten, die ein Einzelner oder einige Wenige initiiert haben. Minderheiten können einflussreich sein, einfach weil sie auffallen und aus der Menge hervorragen; sie sind deutlich anders als die Mehrheit, sie sind mitunter schrill und provokant, was die unwillkürliche Aufmerksamkeit weckt. Man befasst sich mit der Botschaft der Minderheit und entdeckt dabei möglicherweise, dass sie gar nicht so verkehrt ist. So ist der Einfluss von Minderheiten, die für einen nachhaltigen Lebensstil plädieren, keinesfalls zu unterschätzen. Ihr Einfluss kann durch Nutzung der sozialen Medien sogar erheblich sein (Ahrbeck, 2024). Im Allgemeinen haben jedoch Mehrheiten, die die geltenden Normen verkörpern, einen größeren Einfluss auf die Meinungsbildung als Minderheiten (Hewstone & Martin, 2014).

Zum letzten Ziel, der Nr. 17 im SD-Katalog, „Umsetzungsmittel und globale Partnerschaft stärken", werden unter anderem Finanzierung, Technologie, Handel und Datenerhebung als Mittel der Zielerreichung genannt, nicht jedoch die Schaffung von Handlungsräumen und Handlungsanreizen. Es bleibt völlig offen, wie man Menschen motivieren kann, umweltgerecht zu handeln oder Bildungsangebote anzunehmen. Dass es auch darum geht, die Menschen zu befähigen und zu motivieren, Wissen zu erwerben, Umweltbewusstsein zu entwickeln und umweltgerecht zu handeln, bleibt außen vor. Stattdessen heißt es dort z. B.: „Bis 2030 auf den bestehenden Initiativen aufbauen, um Fortschrittsmaße für eine nachhaltige Entwicklung zu erarbeiten, die das Bruttoinlandsprodukt ergänzen, und den Aufbau der statistischen Kapazitäten der Entwicklungsländer unterstützen". Lediglich in den Unterzielen zum Ziel Nr. 4 „Bildung für alle" wird auf die Individualebene Bezug genommen: „Bis 2030 sicherstellen, dass alle Lernenden die notwendigen Kenntnisse und Qualifikationen zur Förderung nachhaltiger Entwicklung erwerben, unter anderem durch Bildung für nachhaltige Entwicklung und nachhaltige Lebensweisen …". Auf welche Weise das konkret geschehen soll, wird indessen auf der obersten Akteursebene nicht ausgeführt. Das überlässt man den unteren Ebenen.

Umweltwissen ist ein primärer Einflussfaktor (Abb. 1.4). Dementsprechend wichtig ist es, die Wege aufzuzeigen, wie dieses Wissen erworben werden kann. Unverzichtbar sind direkte Erfahrungen mit und in der natürlichen Umwelt vor allem in der Kindheit, denn sie sind eine Weichenstellung für die Entwicklung von Umweltbewusstsein, was Ward Thompson et al. (2008) dazu veranlasst hat, von einem „Kindheitsfaktor" zu sprechen. Wer die Natur nicht erlebt hat, wird sich kaum für deren Erhalt interessieren und engagieren.

Man ist auf das Einverständnis und die aktive Mitwirkung vieler Menschen angewiesen, um die SD-Ziele zu erreichen. Diese beginnt bereits mit der Akzeptanz der Politik, den Gesetzen, Vorschriften und Regeln. Um jedoch die Menschen als informierte und handelnde Akteure in den Entwicklungsprozess einbeziehen zu können und nicht nur von oben herab – Top-down – Verhaltensvorschriften und Gesetze zu verkünden, müssen sie befähigt werden, umweltbezogen zu denken und zu handeln. „Bildung für alle" erscheint in der SD-Liste als eines unter anderen Zielen; im Grunde ist es ein übergeordnetes Ziel: „Eine besondere Aufgabe kommt der **B**ildung für **n**achhaltige **E**ntwicklung (BNE) zu. Diese leistet einen wesentlichen Beitrag, um Menschen die globalen Zusammenhänge einer nachhaltigen Entwicklung zu vermitteln" (Bundesregierung, 2021, S. 49). Dennoch hat die Bildung nicht den Stellenwert wie die Gesundheit, möglicherweise auch deshalb, weil Erfolge gesundheitsfördernder Maßnahmen schneller zutage treten als bei Investitionen in die Bildung (Klingholz & Lutz, 2016).

Die im zweiten Kapitel in alphabetischer Reihenfolge präsentierten Schlüsselbegriffe können unabhängig voneinander gelesen werden. Es sind psychologische Konzepte, die umweltbezogenes Handeln auf eine theoretische Basis stellen. In den Texten wird hier und da auf bestimmte „Sustainable Development Goals" (SDGs) hingewiesen.

Im abschließenden dritten Kapitel wird der Blick auf die unteren Akteursebenen gelenkt. Die Psychologie, die längst auf den oberen Ebenen in der Politikberatung tätig ist, könnte darüber hinaus auf kommunaler Ebene ihr Fachwissen einbringen und damit die nachhaltige Entwicklung voranbringen.

Der SD-Zielkatalog ist im Anhang aufgelistet.

Schlüsselbegriffe

Allmende-Klemme und Gerechtigkeit

Die Allmende-Klemme ist ein Dilemma, bei dem ökologische und soziale Belange aufeinander stoßen. Es ist eine passende Metapher, um das Problem einer nicht nachhaltigen Entwicklung konzeptionell zu fassen. Eine Veranschaulichung ist die gemeinsame Weide (Allmende), auf der alle Dorfbewohner berechtigt sind, ihre Schafe grasen zu lassen. Zu einem Problem, einer „Klemme", kommt es, wenn die Menge der Schafe anwächst, die Weidefläche aber gleich bleibt, oder wenn einer der Schäfer mehr davon beansprucht, weil seine Schafherde sich vergrößert hat, sodass die anderen weniger bekommen und ihre Schafe nicht mehr satt werden. Das typische Merkmal einer Allmende-Klemme ist, dass das Gemeingut (es können Weideflächen, Verkehrsräume, Bauflächen, Wälder, Fischbestände, Rohstoffe usw. sein) begrenzt ist. Dass die individuelle Nutzung einer gemeinsamen Ressource ohne Vorgaben und Regeln, wer wie viel bekommt, zu einem Problem werden kann, drückt die von Hardin (1968) stammende Bezeichnung „The tragedy of the commons" aus. Es kommt zu einer Tragödie, wenn ein knappes Gemeingut überbeansprucht wird, d. h. wenn das Vorhandene nicht ausreicht, um die Ansprüche aller daran Interessierten zu befriedigen. Wenn einer es schafft, mehr zu bekommen, haben die anderen das Nachsehen. Einige profitieren, wobei sie weder an die darbenden Mitmenschen, noch an die nachfolgenden Generationen denken, die längst keine Schafe mehr haben, weil es für sie kein Futter mehr gibt. Würde jeder einzelne Dorfbewohner nur die Maximierung seines individuellen Nutzens im Auge haben und ohne Rücksicht auf die anderen möglichst viele Schafe dort grasen lassen, gäbe es auf der Weide bald keinen Grashalm mehr. Wird die Grenze der Regenerationsfähigkeit der Natur durch die

A. Flade, *Der Beitrag der Psychologie zur nachhaltigen Entwicklung*, SDG - Forschung, Konzepte, Lösungsansätze zur Nachhaltigkeit, https://doi.org/10.1007/978-3-658-45505-7_2

Abb. 2.1 Veranschaulichung der Bodenerosion als Folge der Übernutzung (Eigenes Foto)

summierte Eigennützigkeit überschritten, wird die Natur zerstört (Abb. 2.1). Für die künftigen Dorfbewohner ist die Ressource dann nicht mehr verfügbar.

Bei der überschaubaren Dorfweide lässt sich ein kausaler Zusammenhang ausmachen, was in geografisch ausgedehnten und entfernteren Gebieten sehr viel schwieriger ist, denn dort fällt es leicht, die Schuld, weil man das Unheil verursacht hat, von sich zu weisen. Ein Beispiel ist das seit den 1980er-Jahren zu beobachtende Waldsterben in verschiedenen Regionen in Europa. Vermutet wurden als Ursachen neben dem massiven Befall mit Borkenkäfern Luftschadstoffe wie Schwefeldioxid und Rauchgase, die über große Entfernungen transportiert werden. Verunreinigte Luft breitet sich aus, sodass schwer auszumachen ist, woher sie stammt. Zum örtlichen kommt mitunter noch ein zeitliches Auseinanderdriften hinzu: die negativen Folgen werden nicht sofort sichtbar. Diese Verzögerung verschleiert nicht nur den Zusammenhang zwischen Ursache und Wirkung zusätzlich, sie erzeugt auch noch Begehrlichkeiten, denn man kann als Verursacher von Schäden nicht mehr so leicht belangt werden Sie haben den Nutzen und brauchen für die Kosten nicht aufzukommen. Den Gewinn bekommen sie sofort, der Schaden tritt erst später zutage. Es handelt sich um eine *soziale* Falle, wenn den augenblicklichen Gewinn wenige einstreichen, während der Schaden „sozialisiert" wird (Platt, 1973; Ernst & Spada, 1993). Bei längeren Zeiträumen sind es die nachfolgenden Generationen, die mit diesen Schädigungen konfrontiert werden.

Eine „tragedy of commons" ist unausweichlich, wenn die Beteiligten insgesamt mehr haben wollen, als die Ressource mittel- bis langfristig hergibt. Rohstoffe in der Erde wie Kobalt und Lithiumsalze, die man für die Herstellung stark nachgefragter Produkte wie Smartphones, Batterien und Akkumulatoren benötigt, sind rar und nicht unbegrenzt vorhanden. Hinzu kommt noch, dass der Abbau dieser in der Erdkruste befindlichen Rohstoffe nicht selten mit menschenverachtenden Arbeitsbedingungen verbunden ist, was dem Ziel Nr. 8, „Menschenwürdige Arbeit", diametral entgegengesetzt ist (Kara, 2024).[1]

Natürliche Ressourcen sind neben Rohstoffen in der Erde Wälder, Fischpopulationen, Tier- und Pflanzenbestände, Böden, Wasser und Luft, die die Menschen zum Leben brauchen. Wenn es damit schlecht bestellt ist, hat auch der Mensch darunter zu leiden.

Diesen „Raubbau" gilt es zu verhindern.

Es stellt sich die Frage nach möglichen Ansatzpunkten und Interventionen. In Simulationsexperimenten haben Mosler und Gutscher (1999) eine Strategie geprüft, die sie als Diffusionsansatz bezeichnet haben. Dabei geht es darum, Innovationen in Gruppen bzw. Gesellschaften hineinzutragen. Konkret: Wenige sich sichtbar umweltgerecht verhaltende Personen (= Pioniere) werden in eine Population nicht ökologisch handelnder Personen „eingeschleust". Gut vernetzt kann es den Pionieren gelingen, bestehende nicht nachhaltige Handlungsmuster infrage zu stellen. Die Pioniere fallen auf. Der Diffusionsansatz ist ein Beispiel für den Einfluss, den Minderheiten haben können (Moscovici, 1976).[2]

Allmenden müssen nicht tragisch enden, wie es im Titel „The tragedy of commons" anklingt. So haben Homburg und Matthies (1998) auf das langjährige Bestehen von Allmenden hingewiesen. In vielen Alpenregionen gibt es gemeinschaftlich genutzte Almweiden, die gut funktionieren und die nicht tragisch geendet sind. Das spricht gegen eine generelle individuelle Disposition des Menschen, von Gemeinschaftsgütern so viel wie möglich zu okkupieren, egal, ob andere dann weniger oder auch zu wenig bekommen. Die Menschen auf der Alm kennen sich, sie bilden eine soziale Gemeinschaft. Zu einem Dilemma kommt

---

[1] In einer vom November 2023 bis Mai 2024 gezeigten Ausstellung im Museum der Arbeit in Hamburg „Man & Mining" wurden diese menschenverachtenden Arbeitsbedingungen vor Augen geführt. Die Bedingungen, unter denen in Afrika Kobalt und andere Rohstoffe gewonnen werden, die für die Herstellung von Batterien gebraucht werden, um eine Dekarbonisierung der Energieerzeugung zu ermöglichen, passen nicht zum Ziel Nr. 8: menschenwürdige Arbeit.

[2] Den Minderheiten wird unter dem Motto „Identitätspolitik" immer mehr Aufmerksamkeit zuteil.

es erst dann, „wenn es bei der Nutzung einer kollektiven Ressource an der notwendigen sozialen Einbettung des einzelnen fehlt" (Homburg & Matthies, 1998, S. 155). Wer einer Gemeinschaft angehört, handelt eher nicht egoistisch, er kennt die anderen und die anderen kennen ihn. Es hängt so von der sozialen Konstellation ab, inwieweit eine Allmende Bestand hat. Wenige Beteiligte, die sich kennen und untereinander austauschen, lassen es nicht zu einer Tragödie kommen. In einer globalen Welt mit sehr vielen Menschen geht es dagegen anonym zu. Man kennt die vielen anderen nicht. Hier ist eine „tragedy of commons" sehr viel wahrscheinlicher, denn Anonymität erschwert und blockiert sowohl prosoziales als auch pro-ökologisches Handeln.

Wie Renn (1996) gemeint hat, ist die *ungerechte* Verteilung von Gütern – letztlich ein Ergebnis unsozialen Verhaltens – das Hauptübel, das einer nachhaltigen Entwicklung entgegensteht. Hier ist jedoch ein genauerer Blick angebracht, denn Gerechtigkeit hat verschiedene Aspekte. Es geht nicht nur um die Verteilung des Nutzens, sondern auch der Kosten und der Risiken (Montada, 1999). Der Verbrauch von Umweltressourcen (Nutzen) und die Verursachung von Umweltbelastungen (Kosten) führen zu einem Gerechtigkeitsproblem, wenn Nutzen und Lasten ungleich verteilt sind. Ungerecht ist, dass die westliche Welt den Nutzen hat, während die armen Länder im globalen Süden die Kosten zu tragen haben.

Hinzu kommt ein weiterer Punkt: Umweltschutz ist mit Kosten verbunden. Es sind Kosten für neue Technologien sowie Kosten im Sinne der Einbußen an Wettbewerbsfähigkeit von Unternehmen und Branchen bis hin zu Volkswirtschaften. Die Entwicklung neuer Technologien ist im Allgemeinen sehr kostenintensiv. Ein Beispiel ist ein aktuelles sehr teures Infrastrukturprojekt in Japan. Der neuartige Schnellzug-Typ, der bis zu 500 km pro Stunde zurücklegen kann, nutzt Magnetkräfte, er schwebt zehn Zentimeter über der Schiene.[3] Die Entwicklung neuer Technologien birgt Risiken in sich, denn es kann passieren, dass viel investiert wurde, das Ergebnis aber enttäuschend ist.

Problematisch ist auch, dass Nutzen und Kosten nicht immer eindeutig bestimmbare objektive Maße, sondern auch subjektive Bewertungsgrößen sind. Gleichheit ist zwar ein Grundprinzip der Gerechtigkeit, „aber nur Gleichen werden gleiche Rechte, Lasten und Pflichten zugeschrieben. Werden Ungleichheiten zwischen Individuen, zwischen sozialen Kategorien oder sozialen Systemen als relevant geltend gemacht, sind auch ungleiche Rechte, Lasten und Pflichten zu rechtfertigen" (Montada, 1999, S. 73).

Eine gerechte Verteilung ist ein ausgewogenes Verhältnis von Vor- und Nachteilen für alle. Die Realität sieht häufig anders aus. Montada hat die Lokalisation

---

[3] FAZ-Artikel vom 13.4.24, S. 24: „Der schnellste Zug der Welt hat Verspätung".

belastender Industrien und Mülldeponien in den Siedlungsgebieten der Armen als ökologischen Rassismus bezeichnet.

Ungleichheit besteht allein schon wegen der unterschiedlichen Lebensbedingungen auf der Erde. Zum Beispiel brauchen die Menschen in kalten Regionen eine Raumheizung, in übervölkerten Regionen brauchen sie viel landschaftliche Nutzfläche, die durch Rodung von Wäldern geschaffen wird. Die Unterschiede in den Umweltbedingungen, die Ungleichheit schaffen, treten in einer die gesamte Erde einbeziehenden globalisierten Welt sehr sichtbar in Erscheinung. Der Umgang mit den Kosten zeichnet sich hier weit eher durch Ungerechtigkeit aus als durch eine moralisch geforderte Gerechtigkeit. Während sich innerhalb eines Landes oder einer begrenzten Region Kosten und Nutzen noch miteinander verrechnen lassen, ist das in einer globalisierten Welt fast unmöglich und zwar auch deshalb, weil z. B. Emissionen in Luft und Wasser (Kosten) Landesgrenzen überschreiten. Es erschwert die Zuordnung der Kosten. Auch unterschiedliche Auffassungen und Interessenlagen machen eine Zuordnung schwierig. Ein Beispiel: Die internationale Organisation der Vereinten Nationen setzt sich aus vielen Staaten zusammen, deren Vertreter darauf achten werden, dass ihre Nation keinen allzu hohen Anteil der Kosten übernehmen muss. Erwähnt sei hier der „Trittbrettfahrer": Er ist ausschließlich Nutzer, der sich nicht an den Kosten beteiligt (Müller et al., 2012).

Appelle, sich umweltgerecht zu verhalten, können Ungerechtigkeit fördern, wenn nicht alle ihnen folgen. Diejenigen, die es tun, müssen möglicherweise Nachteile in Kauf nehmen, während diejenigen, die sie nicht beachten, davon profitieren. Wer weiterhin Auto fährt, hat mehr Platz auf den Straßen und Parkplätzen, wenn die anderen wegbleiben. Wer die Erfahrung macht, dass andere profitieren, wenn man sich zurückhält, wird Appelle für scheinheilig halten und sie künftig ignorieren. Bezogen auf das Einflussschema für umweltbezogenes Verhalten (Abb. 1.4) sind es wahrgenommene, negativ bewertete Verhaltenskonsequenzen, was lerntheoretisch bedeutet, dass das Verhalten „gelöscht" wird (Zimbardo & Gerrig, 2004).

Wenn knappe Ressourcen nicht erneuerbar sind, müssen, wie Clayton (2000) gefordert hat, aus einer *moralischen* Verpflichtung heraus die künftigen Generationen bei deren Verteilung mitberücksichtigt werden. Doch wer fühlt sich moralisch verpflichtet? Ein Blick auf das Stufenkonzept der *Moralentwicklung* dämpft jeden Optimismus, denn die höchste Entwicklungsstufe, das Gefühl einer persönlichen Verpflichtung gegenüber universellen ethischen Werten, darunter der Menschenwürde, erreichen nicht alle Menschen. Die Theorie von Kohlberg (1996) geht davon aus, dass sich das Moralbewusstsein beim Menschen von der Kindheit an stufenweise in immer derselben Reihenfolge entwickelt (Rossmann,

2004). Manche Menschen kommen nicht über die untersten Stufen: der Orientierung an den wahrgenommenen Machtverhältnissen und an Strafe und Gehorsam, hinaus. Die von den Mächtigen gesetzten Regeln werden befolgt, um Strafe zu vermeiden. Auf den höheren Stufen wird auf Gegenseitigkeit geachtet. Wer gibt, hat den Anspruch, dass man ihm etwas wiedergibt.

Fuhrer und Wölfing (1997) definieren moralisches Handeln als „die Bereitschaft, die eigenen Interessen, Rechte und Pflichten gegen diejenigen der Mitmenschen und der Mit-Welt abzuwägen" (S. 88). Diese Bereitschaft hängt davon ab, ob man sich einer Gemeinschaft zugehörig fühlt und einem die Mitmenschen nicht gleichgültig sind.

Die Berücksichtigung der Interessen und Bedürfnisse der anderen engt mehr oder weniger den individuellen Handlungsspielraum ein. Der Mensch nimmt das in Kauf, wenn ihm die anderen wichtig sind und wenn er zur Empathie fähig ist, d. h. die Motive der anderen verstehen kann. Wenn es zum Ziel Nr. 14 heißt, dass Meere und deren Ressourcen bewahrt und nachhaltig genutzt und dass sie nicht verschmutzt und die Fischbestände nicht gefährdet werden sollen, dann lässt sich dieses Ziel nur erreichen, wenn sich alle an solche Vorgaben halten und Begrenzungen akzeptieren. In kleinen Gruppen von Schäfern, Almbauern oder Fischern, in denen man sich kennt, funktioniert das. Bei großen Gruppen ist eine amtliche Beschränkung der Fangquoten erforderlich (Ernst & Spada, 1993). So heißt es auch bei den Unterzielen zum Ziel Nr. 14: „Bis 2020 die Fangtätigkeit wirksam regeln und die Überfischung, die illegale, unangemeldete und unregulierte Fischerei und zerstörerische Fangpraktiken beenden." Doch wie verändert man das Verhalten von Menschen, die maximal profitieren wollen? Um diese grundsätzliche Frage beantworten zu können, haben Ernst und Spada (1993) ein Fischereikonfliktspiel ersonnen. Als ein wichtiger Einflussfaktor des Verhaltens erwies sich das Erkennen der ökologischen Konsequenzen des eigenen Tuns, d. h. die Komponente wahrgenommene Verhaltenskonsequenzen (Abb. 1.4).

Wichtig ist des Weiteren, dass man einander kennt und gemeinsame Interessen hat, denn dann werden alle in der Gruppe darauf achten, dass es gerecht zugeht und ihr Anteil am Gemeingut richtig bemessen ist (Spada & Ernst, 1993; Mosler & Gutscher, 1999). Ohne eine solche Gemeinschaft dominiert der Eigennutz. In einer individualisierten Gesellschaft, in der das Ich mehr gilt als das Wir, ist der Mensch mehr auf seinen eigenen Vorteil bedacht, als in einer Gesellschaft, die Gemeinschaftlichkeit hoch bewertet (Flade, 2020).[4] Es sind die in

---

[4] Nicht nur ein zu viel Ich, sondern auch ein zu viel Wir ist nachteilig. William Stern hat sich dazu folgendermaßen geäußert: Ein zu viel Ich kennzeichnet den Egoisten, ein zu viel Wir den verwechselbaren „Gefolgsmann" (Stern, 1935, zit. bei Probst, 2014).

einer Gesellschaft geltenden sozialen Normen, denen je nach Gesellschaft unterschiedliches Gewicht beigemessen wird, die einem übermäßigen Eigennutz einen
Riegel vorschieben.

Eine Differenzierung zwischen individualisierten und gemeinschaftsorientier-
ten Gesellschaften in Verbindung mit der gesamten Erde als Allmende-Klemme
ist aufschlussreich. Die individualistisch orientierten Gesellschaften der reichen
Industrieländer nutzen die Ressourcen der Erde im Übermaß, der globale Süden
hat das Nachsehen. Verschlimmert wird diese Situation noch dadurch, dass der
Müll aus den wohlhabenden Ländern dorthin transportiert wird.[5] Eine treffende
literarische Schilderung dieses Missstandes hat Christoph Ransmayr (2024) mit
der Erzählung „Mädchen im gelben Kleid" geliefert. In einer ostafrikanischen
Gegend schleppt ein barfüßiges, etwa 6- bis 7-jähriges Mädchen einen großen
Wasserkanister. Es holt Wasser aus einer weit entfernten Quelle, von der bekannt
ist, dass das Wasser dort verschmutzt ist. Um nicht zu erkranken, muss jeder
Schluck davon gekocht werden. Zugleich leiten Rohrsysteme das vorhandene
saubere Wasser auf französische und englische Ananas-, Kakao-, Kaffee- und
Teeplantagen sowie holländische Tulpenfelder, die Quellgebiete des europäischen
Reichtums.

In dem Bericht „Die Grenzen des Wachstums" von Meadows et al. (1973)
ging es um die Erde insgesamt. Die Fachleute waren mit ihrem Weltmodell zu
dem Ergebnis gelangt, dass eine der Hauptursachen der Nicht-Nachhaltigkeit die
Überbevölkerung ist. Je mehr Menschen auf der Erde leben, umso mehr Nahrungsmittel und Gebrauchsgüter müssen erzeugt werden. Fasst man die Erde als
Allmende auf, dann schrumpft rein rechnerisch bei einer wachsenden Bevölkerung der auf den Einzelnen entfallende Anteil zusammen. Dieser Anteil sollte
laut den Zielen der Agenda 2030 ausreichen, um den Hunger aller zu stil-
len. Dass man dabei jedoch an Grenzen stößt, haben Mohr (1996) und Renn
(1996) mit dem Konzept der „Tragekapazität" begründet. „Tragekapazität ist die
Eigenschaft eines Wirtschaftsraums, eine bestimmte Bevölkerung nachhaltig zu
tragen" (Mohr, 1996, S. 58). Dabei geht es vor allem um die Versorgung mit
Wasser, Energie und lebensnotwendigen Rohstoffen. Unter natürlichen Bedingungen, unter denen vor etwa zehntausend Jahren v. Chr. die Jäger und Sammler
gelebt haben, lag die geschätzte globale Tragekapazität bei etwa fünf Millionen
Menschen. In der modernen Industriegesellschaft um 2000 n. Chr. wird sie auf

---

[5] Etwa 40 % der weltweiten Müllexporte stammen aus der EU, siehe FAZ-Artikel von Till
Fähnders „Opfer des Abfallschmuggels" vom 16.4.24, S. 10.

etwa sechs Milliarden geschätzt. Wie Renn (1996) schreibt, birgt die Überschreitung der Tragekapazität die Gefahr, dass ein hemmungsloser Sozialdarwinismus ausbrechen könnte.

Wie Mohr (1996) gemeint hat, sind von einer Überschreitung der Tragekapazität vor allem die künftigen Generationen betroffen.

Anders als bei Tieren und auch bei Pflanzen, bei denen die Tragekapazität eine exogene nicht beeinflussbare Größe darstellt, kann der Mensch die Tragekapazität durch Änderung der Produktionsverhältnisse beeinflussen, mit denen er die für seine Spezies ursprünglich geltende Tragekapazität enorm erweitert hat. Dazu sind zu rechnen: die Beherrschung des Feuers, die Erfindung der Landwirtschaft, die Verwandlung fossiler Wärme in mechanische Energie, die industrielle Produktion und die Substitution von Materie durch Information (Renn, 1996).

Während in den Entwicklungsländern die Bevölkerung wächst, nimmt, wie Renn gemeint hat, in den Industrieländern der Konsumhunger schneller zu als die durch technischen Fortschritt und Organisationswandel ausgelöste Erhöhung der Produktivität.

Wenn sich viele Menschen eine begrenzte Ressource teilen müssen, geht das nicht ohne Suffizienz, d. h. durch Reduzierung des individuellen Konsums. Darauf bezieht sich das Ziel Nr. 12, „Nachhaltiger Konsum". Wie aus den dazu aufgeführten Unterzielen zu entnehmen ist, geht es dabei unter anderem um die Abschaffung von Subventionen für fossile Brennstoffe, weil dann sparsamer damit umgegangen würde, sowie um einen nachhaltigen Tourismus, wobei offenbleibt, wie ein solcher Tourismus aussieht.

Das Typische ist heute ein Konsumüberangebot (Abb. 2.2).

Suffizienzstrategien können sich in einer Welt des Konsums nur schwer durchsetzen. „Die Bereitschaft der Menschen zum freiwilligen Verzicht ist derart begrenzt, dass sie im ökonomischen Kalkül außer Betracht bleiben kann" (Mohr, 1996, S. 46).

Einen Erfolg versprechenden Ansatz, um das ökologisch-soziale Dilemma dadurch abzumildern, dass man die individuelle Habgier durch Vermittlung von Umweltwissen zügelt, haben Zelenski et al. (2015) vorgestellt. In ihrem Experiment wurden die Versuchsteilnehmer in zwei Gruppen unterteilt. Der einen Gruppe wurde der Film „Planet Erde", der anderen ein Architekturfilm gezeigt. Anschließend wurden alle Beteiligten mit einer auf den Fischfang bezogenen Allmende-Klemme konfrontiert. Zwischen den simulierten 15 Fangfahrten blieb der Fischbestand nur dann konstant, wenn nicht zu viel gefischt wurde. Diejenigen, die „Planet Erde" gesehen hatten, fischten trotz eines anfänglich geringeren

Abb. 2.2 Die Welt des Konsums (Eigenes Foto)

Profits weniger. Das Ergebnis wurde dahingehend interpretiert, dass Naturbegegnungen zu einer Sensibilisierung führen, sorgsamer und sparsamer mit den Ressourcen der Natur umzugehen.

Auch der Straßenraum kann als Allmende gesehen werden. Er ist begrenzt; viele Menschen: Fußgänger, Radfahrer und Autofahrer, wollen ihn nutzen. Wie viel Raum den jeweiligen Gruppen gegeben wird, regelt die Verkehrsinfrastruktur. Bekommt der Autoverkehr mehr Fläche zugewiesen, müssen sich die Fußgänger und Radfahrer mit entsprechend weniger Fläche begnügen (vgl. Abb. 1.6). Wächst die Zahl der Verkehrsteilnehmer insgesamt, wird es für alle eng. Anders als im Dorf, in dem jeder jeden kennt und man sich leicht einigen kann, sind die anderen Menschen in städtischen Verkehrsräumen Unbekannte. Hier sind externe Regelungen erforderlich, um chaotische Verhältnisse, Zusammenstöße und Unfälle zu vermeiden. Mithilfe von Gesetzen, Regeln und Vorschriften lässt sich dieses ökologisch-soziale Dilemma entschärfen.

Der psychologische Ansatz wurde bereits erwähnt: Handelt es sich um Gemeinschaften, in denen man einander kennt, werden sie mit ihrer gemeinsamen Allmende sorgsam umgehen. Handelt es sich um die Menschheit, deren gemeinsame Allmende die Erde ist, geht es anonymer zu. Hier müssen die oberen

Akteursebenen, d.h. Regierungen und Politiker, tätig werden, indem sie Gesetze beschließen und Regelungen treffen.

Bauliche Dichte

Bauliche Dichte gehört neben einer großen Zahl von Einwohnern und einer heterogenen Bevölkerung zu den typischen Merkmalen großer Städte. Angesichts der Prognose, dass sich der weitere Bevölkerungszuwachs auf der Erde vor allem in den großen Städten niederschlagen wird, stellt sich umso mehr die Frage, wie nachhaltig ein dichtes Zusammenleben ist. Passt die Verstädterung mit der zwangsläufig einhergehenden baulichen Verdichtung überhaupt zum Ziel einer nachhaltigen Entwicklung? Das zur Nachhaltigkeit passende Konzept wäre die „green city", eine Stadt mit vielen Grünbereichen, die untereinander verbunden sind, sodass man sich als Fußgänger und Radfahrer auf weiten Strecken im Grünen ohne Unterbrechungen durch Verkehrsstraßen oder Kreuzungsbereiche fortbewegen kann. Ein Grüngürtel ist eine zusammenhängende nicht bebaute öffentliche Fläche, die eine Stadt umschließt. Ein Beispiel ist der Grüngürtel in Frankfurt am Main, ein Rundwanderweg rings um Stadt (Stadt Frankfurt, 2017). Doch in den hochverdichteten Großstädten gibt es meistens vergleichsweise wenig Grünflächen, Bäume, Parks und Gärten und selten einen Grüngürtel.

Die bauliche Dichte lässt sich mit zwei Maßen beschreiben: der Geschossflächenzahl (GFZ), dem Verhältnis der Summe der Geschossflächen zur Grundstücksfläche, und der Grundflächenzahl (GRZ), dem Verhältnis von bebauter Fläche zur Grundstücksfläche. Wie hoch ein Haus oder Gebäude werden darf, legt die in der Stadt oder einem bestimmten Stadtgebiet geltende GFZ fest. Die Grundflächenzahl gibt den Flächenanteil eines Grundstücks vor, der bebaut werden darf. Bei einer hohen GRZ verschwinden Frei- und Grünflächen. Um nicht gänzlich auf eine „green city" – und sei es nur angedeutet – zu verzichten, bleibt nur, mehr in die Höhe zu bauen, d. h. eine höhere GFZ zuzulassen, um Wohnraum für eine zunehmende Stadtbevölkerung zu schaffen. Doch nicht nur das Verbauen und Versiegeln der Böden, auch ein immer höher Bauen ist nicht nachhaltig. Die Luftqualität verschlechtert sich, denn es verändert sich die natürliche Zusammensetzung der Luft durch Rauch, Ruß, Staub, Aerosole und Dämpfe vor allem durch den motorisierten Straßenverkehr und Heizungsanlagen und mitunter zusätzlich durch industrielle und gewerbliche Anlagen am Stadtrand. Luftschadstoffe sind insbesondere Stickstoffoxide, die Atemwegserkrankungen hervorrufen können (Keul, 1995a). Bebaute und versiegelte, nicht begrünte Flächen erhöhen die Temperaturen im Sommer und reduzieren dadurch die Temperaturunterschiede zwischen Stadt und Umland. Infolge dieser Temperaturunterschiede entsteht ein lokales Stadtwindsystem, durch das Industrieabluft vom Stadtrand ins Zentrum gesogen wird, was die gesundheitsschädlichen Verunreinigungen der Luft durch Ruß und Staub, Schwefeldioxid, Kohlenmonoxid, Kohlendioxid, Kohlenwasser-stoffe und Metalloxide noch verstärkt (Keul, 1995a). Luftverschmutzung kann sich zu Smog steigern, wenn der Luftaustausch beeinträchtigt ist und keine Verdünnung der Schadstoffe stattfinden kann. Parks und Grünbereiche sind so unverzichtbar, weil sie die Aufheizung in den dicht bebauten Siedlungsflächen zu verringern vermögen (Keul, 1995a; Jürgens, 2015). Ein weiterer positiver Effekt ist, dass sie den Bewohnern wohnungsnahe Gelegenheiten bieten, die Natur zu erleben, was ihnen direkte Naturerfahrungen verschafft.

Für die Grünpflege ist aus der Sicht der Bevölkerung die Gemeinde zuständig (Jürgens, 2015), denkbar sind auch Baumpatenschaften, durch die das Pflanzen und die Pflege und der Schutz von Bäumen von den Paten finanziell unter-stützt wird. Einzelne Bäume insbesondere auch an Straßen ersetzen nicht die großflächigeren Parks als Orte der Biodiversität (Jürgens, 2015).

Unter ungesunder Luft leidet nicht nur die Bevölkerung in den großen Mega-Citys in Indien, China und Afrika usw., sondern auch in europäischen Städten wie z. B. Mailand.[6] Anzumerken ist hier, dass im SD-Zielkatalog zwar „sauberes Wasser" (Nr. 6), nicht jedoch „saubere Luft" genannt wird.

Es ist ein kaum zu lösendes Problem, wie mehr Wohnraum für die vielen in die Städte strömenden Menschen geschaffen werden kann, ohne sämtliche inner-städtische Freiflächen in Bauland zu verwandeln, ohne immer mehr in die Höhe zu bauen und ohne das Umland zu besiedeln. Auch ein Verzicht auf großzügig bemessene Wohnflächen und ein Zurück zu einer „Wohnung für das Existenz-minimum", wie sie in Zeiten des Bauhauses in den 1920er-Jahren propagiert wurden, würde nicht ausreichen. Bei den Wohnungen für das Existenzminimum hatte man das Wohnen auf die Kategorie der Funktionalität reduziert. Freiräume für individuelle Tätigkeiten und Umweltaneignung innerhalb der Wohnung waren nicht vorgesehen (Flade, 2020).

Bauliches Verdichten ist bei einer wachsenden Stadtbevölkerung unausweich-lich. In den Großstädten ist die Verdichtung voll im Gange (Abb. 2.3).

Es gibt noch weitere, nicht sofort sichtbare Belastungsfaktoren, die das Zusam-menleben in hoch verdichteten Städten erschweren. Das zeigen die Ergebnisse der Untersuchungen zum Wohnen in Hochhäusern, über die Evans et al. (2003) in einem ausführlichen Review berichtet haben. Ein durchweg bestätigtes Ergebnis war, dass das Wohnen in den oberen Stockwerken von Hochhäusern für Familien

---

[6] Bericht von M. Rüb: „Smogalarm in der Lombardei" in der FAZ vom 21.2.24, S. 6.

Abb. 2.3 Bauliche Dichte (Eigenes Foto)

mit kleinen Kindern nachteilig ist, weil die Kinder seltener draußen außerhalb des elterlichen Schutzraums mit anderen Kindern zusammen sind als gleichaltrige Kinder, die in den unteren Stockwerken oder in Häusern mit wenigen Geschossen wohnen, was, wie festgestellt wurde, ihre soziale Entwicklung verzögert. Oda et al. (1989) haben das in einer Untersuchung in einer Hochhaussiedlung in Tokio nachgewiesen. Bei den Kindern, die in den höheren Stockwerken wohnten, fielen Verzögerungen in der Entwicklung von Eigenständigkeit auf, was damit erklärt wurde, dass es ihnen an Gelegenheiten fehlt, eigenständig Erfahrungen in der näheren Umwelt zu machen.

Bei Erwachsenen, die in hoch verdichteten großen Städten leben, trifft dagegen kaum zu, dass sie unter einer hohen Dichte leiden. Ihr Maßstab ist nicht mehr die objektive Dichte, von der es abhängt, über wie viel Bewegungs- und Handlungsfreiraum sie verfügen, sondern die in dem jeweiligen Kontext zu erwartende bzw. normale Dichte. Bei ihnen hängt das zu akzeptierende Maß an baulicher Dichte von den örtlich geltenden sozialen Normen ab. Objektive Dichte („density") und erlebte Dichte bzw. Beengtheit („crowding") sind verschiedene Kriterien. Der Mensch fühlt sich beengt, wenn er die Reiz- und Informationsfülle ringsum

als übermäßig und seinen Handlungsraum als zu eingeschränkt erlebt. Die Ursachen erlebter Dichte sind somit zum einen eine zu große, nicht zu verkraftende
Informationsmenge (Information overload), zum anderen einschränkte Handlungsmöglichkeiten (constraints) (Schulz-Gambard, 1996). Engegefühle entstehen
durch ein Übermaß an sensorischer und sozialer Stimulation, einer gesteiger-
ten psychischen Anspannung und physiologischer Erregung, einem als zu hoch
erlebten Lärmpegel, übergroßer Hektik, Einschränkungen der Handlungsmöglichkeiten, einer verringerten Umweltkontrolle, fehlenden Bewegungsmöglichkeiten
sowie durch Unterbrechungen und Störungen von Handlungsabläufen.

In einer großen Stadt leben heißt, dicht an dicht zu wohnen. Es wird an den
sozialen Normen, die in Gesellschaften und Gemeinschaften gelten, gemessen,
ob eine Situation, ein Ereignis oder ein Verhalten das Normale ist. In großen
Städten gehört eine hohe bauliche Dichte zur Urbanität, während ein und dieselbe
Dichte in einer Kleinstadt als gänzlich unpassend bewertet werden würde. Wie
viel Stimulation als normal gilt und wie viel Handlungsspielraum ein Mensch
haben sollte, variiert je nach Kontext.

Bei Kindern verhält es sich anders. Wie die Untersuchung von Oda et al.
(1989) ergeben hat und was aus dem Review von Evans et al. (2003) entnommen
werden kann, sind Kinder direkter von einer hohen Dichte betroffen, die ihnen
Erfahrungs- und Handlungsräume wegnimmt. Die sozialen Normen werden erst
im Laufe der Sozialisation als subjektive Normen internalisiert.

Objektiv betrachtet, sind weder eine hohe bauliche Dichte, die grüne Natur in
der Stadt verdrängt, noch der Bau neuer Stadtteile auf der grünen Wiese nachhaltig, denn der Schutz der Landökosysteme würde entfallen, der im Ziel Nr. 15
propagiert wird. Eine Stadtentwicklung, die sich auf eine wachsende Bevölkerung
einstellen muss, erfordert Kompromisse.

Eine extrem hohe bauliche Dichte, fehlende Grünflächen, eine mangelhafte
Infrastruktur, überlastete Verkehrssysteme, Luft- und Wasserverschmutzung, eine
unzureichende Müllentsorgung, Elendsviertel an den Stadträndern, schlimmste
Armut und zunehmende Kriminalität in den weiter wachsenden großen Städten führen vor Augen, wie utopisch das Ziel Nr. 11 ist, Städte nachhaltig zu
gestalten, wenn viele Millionen Menschen darin leben. Bei den Unterzielen heißt
es, dass außer finanziellen Mitteln technisches Know-how geliefert werden soll,
sodass unter Nutzung einheimischer Materialien nachhaltige und widerstandsfähige Gebäude entstehen. Es liegt auf der Hand, dass sich so das Grundproblem
einer viele Millionen Menschen umfassenden Stadtbevölkerung nicht lösen lässt.
Die Konstellation ähnelt einer Allmende-Klemme: Die Weide ist zu klein für die
vielen Schäfer mit ihren Schafen. Sie haben nur wenig Platz und müssen immer
enger zusammenrücken, wenn noch weitere Schafe dazu kommen.

Bildung und Wissenserwerb

Welch enorme Bedeutung Bildung für den Menschen und die Gesellschaft hat, haben Klingholz und Lutz (2016) anhand einer Fülle von Beispielen geschildert. „Bildung ermöglicht überhaupt erst eine selbstbestimmte Existenz. Sie ist eine Grundvoraussetzung für die komplexe Organisation moderner Gesellschaften, sie dient übergeordneten Zielen wie Freiheit und Gerechtigkeit" (S. 7), heißt es fast ein wenig pathetisch. Die ungleichen Bildungsmöglichkeiten in den Regionen auf der Erde haben ökonomische Folgen, die, wie Klingholz und Lutz schreiben, nicht nur zum Auslöser für Flüchtlingsströme geworden sind, sondern auch religiösen Fanatismus gefördert haben. Dem Ungebildeten stehen keine Argumente zur Verfügung, mit denen er sich gegen Ideologien zur Wehr setzen kann. Der Kontrast zwischen Wissensgesellschaften, d. h. Ländern, die Bildung fördern, und „Kulturen der Unbildung", wie sie von Klingholz und Lutz (2016) bezeichnet wurden, ist sehr ausgeprägt. Sie sehen hier eine entscheidende Trennlinie. Die Ungleichheit wird sich vertiefen, denn die Geburtenraten in den Kulturen der Unbildung sind sehr viel höher. Doch der ungleiche Bildungsstand kommt im Ziel Nr. 10, „Weniger Ungleichheiten", nicht zur Sprache. Stattdessen heißt es z. B. in den Unterzielen, dass die politische Inklusion gefördert werden soll und Finanzströme und Entwicklungshilfe die Ungleichheit verringern sollen. Von vermehrter Bildung in den Kulturen der Unbildung ist jedoch an dieser Stelle nicht die Rede, obwohl sie eine zentrale Ursache der Ungleichheit ist. Im Ziel Nr. 4, „Hochwertige Bildung", wird jedoch auf diesen zentralen Sachverhalt eingegangen. Dort heißt es in einem der Unterziele: „Bis 2030 sicherstellen, dass alle Jugendlichen und ein erheblicher Anteil der männlichen und weiblichen Erwachsenen lesen, schreiben und rechnen lernen". Klingholz und Lutz (2016) sind der Meinung, dass die Menschheit es nicht schaffen wird, ohne ausreichende Bildung den Gefahren von Bevölkerungswachstum und Klimawandel etwas entgegenzusetzen. Mehr Bildung wäre so die ultimative Maßnahme. Erforderlich wäre, wie die Forscher schildern, eine „Sola schola et sanitate" (zuerst Bildung und Gesundheit) und, um das zu erreichen, eine globale Bildungsallianz. Diese ist noch nicht in Sicht. Doch es gibt Vorschläge, was getan und wo angesetzt werden müsste, um die Bildungschancen in den Kulturen der Unbildung zu erhöhen. Es beginnt bei der frühkindlichen Förderung und setzt sich fort in einer mindestens 10-jährigen Schulzeit. Ein besonderer Punkt ist „Diskriminierung von Mädchen beenden". In manchen Ländern werden Mädchen – meistens aus religiösen Gründen – an einem gleichberechtigten Schulbesuch gehindert.

Bildung ist aus zwei Gründen eine Erfolg versprechende Strategie, um eine nachhaltige Entwicklung zu erreichen: Sie öffnet den Blick auf die von Menschen verursachten Umweltprobleme und die Notwendigkeit, diese Probleme zu lösen, und sie bremst langfristig das Bevölkerungswachstum.

Bildung beruht auf Wissen, das durch Lernen in Schulen und anderen Bildungseinrichtungen sowie durch direkte Erfahrungen mit der Umwelt erworben wird. Beides, das formelle (schulische) und das informelle Lernen, sind die Wege, um die Menschen klüger und gebildeter zu machen. Bildung ermöglicht einem Menschen zweierlei, nämlich zwischen Fakten und Fiktionen zu trennen sowie sich zu sich selbst und zur Welt in Beziehung zu setzen (Liessmann, 2017). So hat ein gebildeter Mensch weniger Schwierigkeiten, zwischen „News" und „*Fake* News" zu unterscheiden, weil ihm sein umfangreiches vernetztes Wissen ermöglicht zu erkennen, was stimmig ist und was nicht. Sich in Beziehung zur Umwelt setzen können, setzt ein Bewusstsein von der Umwelt voraus. Liessmann hat sich hier auf Wilhelm von Humboldt bezogen, der die „Verknüpfung von Ich und Welt"[7] als zentralen Aspekt von Bildung bezeichnet hatte. Das „Mit der Umwelt in Beziehung setzen" ist zugleich auch ein „Sich der Umwelt bewusst werden". Hier wird deutlich, wie eng Bildung und Umweltbewusstsein zusammenhängen.

Bildung lässt sich nicht auf formale Fähigkeiten und operatives Wissen, wie etwas gemacht wird und sich bewerkstelligen lässt, reduzieren. Im Unterschied zur *Aus*bildung ist Bildung nicht unmittelbar zweckgebunden. Zur Bildung gehört ein über das rein Praktische und Konkrete hinausgehende abstrakte Wissen. Die derzeitige Lernkultur ist, wie Liessmann gemeint hat, weit entfernt von dem Erwerb von Bildung, der Fähigkeit des „In-Beziehung-Setzen", sie ist allzu einseitig auf die Vermittlung von „nützlichem" Wissen ausgerichtet. Er hat kritisiert, dass heutzutage allein der Erwerb von Teamfähigkeit, Kommunikationsbereitschaft, Innovationsfreude und digitale Fitness gefordert wird. Auf diese Weise werden zwar Kompetenzen erworben, aber keine Bildung. Das Ziel Nr. 4 ist auf eine „hochwertige Bildung" gerichtet, d. h. es soll um mehr gehen als nur eine Anhäufung von Wissensinhalten und um mehr als das Erlernen von Fertigkeiten. Dem Anliegen der Umweltbildung wird auf der politischen Ebene in Deutschland durchaus ein hoher Stellenwert zuerkannt, was in den zahlreichen Expertenrunden und Berichten des Bundestages, der Bundesregierung, des Rates von Sachverständigen für Umweltfragen, der Bund-Länder-Kommission, des wissenschaftlichen Beirats der Bundesregierung und der Enquete-Kommission „Schutz des Menschen und der Umwelt" usw. Ausdruck gefunden hat. Wenn die Menschen durch ihr Verhalten zu einer nachhaltigen Entwicklung beitragen sollen, müssen sie dazu befähigt und motiviert werden. So heißt es z. B. im Gutachten des Rats von

---

[7] https://de.wikipedia.org/wiki/bildung

Sachverständigen für Umweltfragen (1978), dass den Menschen durch Bildungs-prozesse Einsichten, Einstellungen und Werthaltungen vermittelt werden können, die zu einem umweltgerechten Handeln motivieren. Das Interesse an ökologisch gebildeten Menschen, die „richtig" handeln, zeigt, dass man die Individualebene nicht vergessen hat. Spätestens dann, wenn man mit Maßnahmen auf der Makro-ebene nicht weiterkommt, schaut man auf das Verhalten der Menschen. „Auch jeder einzelne Bürger muss durch umweltfreundliches Verhalten an der Gestal-tung und dem Schutz unserer Umwelt mitwirken" (Bundesregierung, 1972, S. 15, zit. bei Bolscho, 1999, S. 214). Das dazu erforderlichen Know-how kann in Schu-len, in Einrichtungen der Erwachsenenbildung und in Umwelt- und Ökozentren und vor allem über Medien vermittelt werden (Bolscho, 1999). Ziel ist, in der Bevölkerung ein stabiles Umweltbewusstsein zu schaffen und zwar nicht erst im Erwachsenenalter. Es empfiehlt sich, im Kindesalter damit zu beginnen.

Im Schulunterricht kann die Umwelterziehung innerhalb des Unterrichts in naturkundlichen und sozialpolitischen Fächern erfolgen. Wichtige Themen sind die Auswirkungen von Schadstoffbelastungen, von Kohlendioxidemissionen, von Bodenversiegelungen und dem Landschaftsverbrauch für den Bau von Straßen und neue Wohnsiedlungen bis hin zu ganzen Stadtteilen.

Bolscho (1999) hat die schulische Umwelterziehung, wie sie in den 1990er-Jahren praktiziert wurde, unter die Lupe genommen. In den 9. Klassen waren rund 40 Schulstunden pro *Schuljahr* der Umweltbildung gewidmet. Zu diesem Zeitpunkt wurde noch kaum über Nachhaltigkeit gesprochen. Nur etwa ein Viertel der Schüler war hochmotiviert gewesen, sich mit Fragen des Umweltschutzes auseinanderzusetzen. Es waren vor allem diejenigen, die der Meinung waren, durch ihr Verhalten die Umweltsituation beeinflussen zu können. Das Ergebnis besagt, dass es nicht nur um die Vermittlung umweltrelevanten Wissens geht, sondern zugleich auch um eine Stärkung der Selbstwirksamkeit.

Ein Beispiel für eine die Kinder ansprechende Wissensvermittlung ist die inter-netbasierte Lernsoftware „Mit dem Fahrrad durchs Netz" (Beiki), die im Rahmen eines vom Bundesforschungsministerium geförderten Projekts in einem interdis-ziplinären Team aus den Bereichen Psychologie, Design, Informatik, Pädagogik und Soziologie für Schüler ab der 5. Klasse entwickelt wurde, die nach der Grundschulzeit meist entfernter gelegene weiterführende Schulen besuchen und ihre längst nicht mehr begleiteten Schulwege oft mit dem Fahrrad zurücklegen (Hacke & Flade, 2004). Die Lernsoftware besteht aus sechs „Lerntouren". Jede beginnt mit einem Quiz, um Neugier an der Thematik zu wecken. Abgehandelt werden sechs Themenfelder:

• die Fahrradverkehrsinfrastruktur, die Art und Qualität von Radwegen;

- die Ausstattung und Funktionsweise des Fahrrads;
- die Notwendigkeit von Verkehrsregeln, um ein konfliktfreies und verkehrssicheres Miteinander im Straßenverkehr zu gewährleisten;
- ökologische und gesundheitliche Aspekte der Mobilität;
- soziale und gesellschaftliche Einflüsse auf das Mobilitätsverhalten, sowie
- die Entwicklungsgeschichte des Fahrrads.

Die Lernsoftware „Beiki" ist ein Beispiel für Umweltbildung, indem sie das Radfahren nicht nur als eine zu erlernende Art der Fortbewegung, bei der bestimmte Regeln zu beachten sind, behandelt, sondern in einen Zusammenhang mit dem Umweltschutz und der Mobilität bringt.

Das Ziel Nr. 4, „Hochwertige Bildung", ist sehr hochgesteckt. Zum Beispiel heißt es in einem der Unterziele: „Bis 2030 sicherstellen, dass alle Lernenden die notwendigen Kenntnisse und Qualifikationen zur Förderung nachhaltiger Entwicklung erwerben, unter anderem durch Bildung für nachhaltige Entwicklung und nachhaltige Lebensweisen". Führt man sich die Armut in den Entwicklungsländern vor Augen, in denen Kinderarbeit verbreitet ist, wird die Diskrepanz überdeutlich. Auf ein weiteres institutionelles Hindernis hat Bolscho (1999) hingewiesen. Bildungseinrichtungen sind Systeme mit festen Strukturen, die vorgeben, wie viel Raum Umweltthemen bekommen.

Wenn man davon ausgeht, dass Menschen nicht nur befähigt werden, sondern auch motiviert sein müssen, nachhaltig zu handeln, wird man überlegen, welche Handlungsanreize infrage kommen. Motivierend ist die Erwartung, dass man belohnt wird, wenn man sich in einer bestimmten Weise verhält, sowie die positiven Erfahrungen, die gemacht werden und die Überzeugung, dass man richtig handelt, weil die Bezugspersonen es auch so machen. Zwei lerntheoretische Mechanismen sind hier wirksam, zum einen das instrumentelle Lernen, zum anderen das Lernen am Modell (Zimbardo & Gerrig, 2004). Hat umweltgerechtes Verhalten positive Konsequenzen, indem es ein Vergnügen ist, mit dem Fahrrad zum Zielort zu fahren, dann wird dieses Verhalten bekräftigt. Sind die Konsequenzen negativ, indem man feststellt, dass das Radfahren gefährlich ist und man der Luftverschmutzung im dichten Verkehr direkt ausgesetzt ist, wird das Verhalten „gelöscht". Hier wird gelernt, dass es ungünstig ist, mit dem Fahrrad unterwegs zu sein.

Lernen am Modell geschieht durch Beobachtung. Man beobachtet, was eine andere persönlich wichtige oder geschätzte Person macht und ahmt deren Verhalten nach. Vorbilder sind Eltern, Lehrer, stadtbekannte Personen wie z. B. der Bürgermeister, der, anstatt sich im Dienstauto transportieren zu lassen, Rad fährt, und die Gruppe der Gleichaltrigen. Sozial vermittelte Erfahrungen haben einen großen Einfluss. Bei Jugendlichen ist die Verkehrsmittelnutzung der Eltern ein starker Einflussfaktor der vorgestellten eigenen Verkehrsmittelnutzung im Erwachsenenalter (Flade et al., 2002). Das bedeutet im Grunde, dass nicht nur den Kindern, sondern auch den als Vorbilder wirkenden Eltern Umweltwissen vermittelt werden sollte.

Einstellungen, Wertorientierungen und Verhalten

Einstellungen, die sich in den Interaktionen mit anderen Menschen und durch Erfahrungen mit der Umwelt herausbilden, sind eines der Hauptthemen der Sozialpsychologie, denn Einstellungen haben einen enormen Einfluss auf das Erleben und Verhalten des Menschen. Sie sind in den Modellen in Abb. 1.4 und 1.5 ein zentrales Systemelement. Sie sind mit Blick auf das erstrebte Ziel nachhaltigen Handelns von ausschlaggebender Bedeutung. Die Sozialpsychologen Haddock und Maio (2014) haben auf Allport (1935) hingewiesen, der schon vor einigen Jahrzehnten den Einstellungsbegriff als ein unentbehrliches Konzept in der Sozialpsychologie bezeichnet hatte. Einstellungen enthalten Bewertungen, die einen Einfluss darauf haben, aus welcher Haltung heraus ein Mensch die Welt wahrnimmt und wie er handelt. Anders formuliert: Einstellungen sind soziale Orientierungssysteme bzw. Prädispositionen, auf Gegenstände, andere Menschen, Situationen und Umweltbedingungen in einer bestimmten Weise zu reagieren. Einstellungen erleichtern es, unbestimmten Wahrnehmungseindrücken und Informationen aus der Umwelt einen klaren Sinn zu verleihen (Bierhoff, 2002). Wer eine Einstellung zu etwas hat, kann schneller entscheiden und rascher reagieren als jemand, der sich erst eine Meinung bilden muss. Will man nachhaltiges Handeln fördern, muss man sich mit den Einstellungen befassen. Die Bestandteile von Einstellungen sind Kognitionen, Emotionen und Verhaltensabsichten sowie Verhalten. Zu den Kognitionen rechnen Meinungen, Überzeugungen und Bewertungen einem Einstellungsobjekt gegenüber; die affektive Komponente sind die davon ausgelösten Gefühle; die Verhaltenskomponente sind die vorgestellten und realisierten Verhaltensweisen, die auf das betreffende Einstellungsobjekt gerichtet sind. Mitunter wird das Verhalten nicht dazu gerechnet, sondern als gesonderte Komponente „ausgelagert" – auch im Einflussschema für umweltgerechtes Verhalten in Abb. 1.4. Dafür spricht die nicht selten zu beobachtende Kluft zwischen Einstellung und Verhalten (Schahn, 1993). Im Einflussschema für umweltbezogenes Verhalten (Abb. 1.4) ist das Verhalten eine Extrakomponente.

Einstellungen enthalten allgemeine Wertorientierungen. Stern et al. (1993) haben zwischen drei Wertorientierungen differenziert: Als wertvoll gilt,

- was einem selbst nutzt; man schützt die Umwelt, weil es für einen selbst von Vorteil ist (egoistische Haltung),
- was für die eigene Familie oder Gruppe sowie die Mitmenschen gut ist (altruistische Haltung),
- was für die Umwelt sowie das gesamte Ökosystem von Nutzen ist (biosphärische Haltung).

Die individuellen Wertorientierungen lassen sich durch Vorgabe von zu kommentierenden Aussagen ermitteln. Bei Stern et al. finden sich entsprechende Formulierungen (Tab. 2.1).

Diese drei Motivkategorien wurden auch von anderen Forschergruppen identifiziert. So haben Schultz et al. (2004) ähnlich unterschieden zwischen:

- *egoistischen* Motiven, die in der Zustimmung zu Aussagen wie „*meine* Zukunft" oder „*meine* Gesundheit" zum Ausdruck kommen,
- *altruistischen* Motiven, die im Beipflichten zu Aussagen zutage treten, die das Wohlergehen der Kinder sowie der künftigen Generationen betreffen,
- *biosphärischen* Motiven, die den Wert der Natur hervorheben sowie die Notwendigkeit, die Natur zu erhalten und zu schützen.

Die Bereitschaft, auf etwas zu verzichten (Suffizienz) ist ausgeprägter bei einer biosphärischen Haltung, sodass diese Haltung zu fördern und zu stärken ist – und das nicht erst im Erwachsenenalter. Man sollte, wie Zeiske et al. (2021) betont haben, damit im Kindesalter beginnen. Die Forscher haben in den Niederlanden die umweltbezogenen Einstellungen von über 900 Schülern im Alter von 8–17 Jahren erfasst und deren Einfluss auf das Energiesparverhalten untersucht. Die Ausprägung der drei Haltungen wurde mit mehreren Aussagen ermittelt, die auf einer 6-stufigen Skala von 1(= nicht wichtig) bis 6(= extrem wichtig)

Tab. 2.1 Wertorientierungen (nach Stern et al., 1993, S. 333)

Wertorientierung	Beispiele
Egoistisch	Der Schutz der Umwelt gefährdet Arbeitsplätze für Menschen wie mich
Altruistisch	Die hier entstehende Verschmutzung schadet den Menschen, die hier wohnen
Biosphärisch	Das Gleichgewicht der Natur ist empfindlich und kann leicht gestört werden. Es muss erhalten werden

zu kommentieren waren. Die biosphärische Haltung wurde unter anderem mit folgenden Aussagen identifiziert: Es ist wichtig,

- die Natur zu respektieren und in Harmonie mit ihr zu leben,
- das Gefühl zu haben, ein Teil der Natur und ihr zugehörig zu sein,
- die Natur und die Umwelt zu schützen und zu erhalten,
- die Natur und die Umwelt nicht zu verschmutzen.

Ebenfalls mit einem für sie zu treffendem Wert auf einer 5-stufigen Skala von 1 (= nie) bis 5 (= sehr oft) sollten die Kinder und Jugendlichen angeben, ob sie das Licht ausschalten, wenn sie einen Raum verlassen, ob sie länger als fünf Minuten duschen, ob sie elektrische Geräte eingeschaltet lassen und ob sie Elektrogeräte aufladen, obwohl diese vollständig aufgeladen sind. Die festgestellten Zusammenhänge zwischen energiesparendem Verhalten und einer biosphärischen Haltung untermauern, dass das Ziel der Umweltbildung die Entwicklung und Förderung einer über die eigenen Interessen hinaus gehenden Haltung sein muss.

Einstellungen sind durch den Erwerb von Wissen und durch konkrete Erfahrungen veränderbar, wie dem Einflussschema für umweltbezogenes Verhalten (Abb. 1.4) zu entnehmen ist. Danach werden Einstellungen von den Faktoren Umweltwissen und Verhaltenskonsequenzen mitgeformt. Ein Verhalten, das positive Konsequenzen hat, wird bekräftigt, eines, das negative Konsequenzen hat, wird – lerntheoretisch formuliert – „gelöscht" (Zimbardo & Gerrig, 2004). Wenn jemand, der davon überzeugt ist, dass es gut ist, öffentliche Verkehrsmittel zu nutzen, ständig negative Erfahrungen damit macht, wird er wahrscheinlich seine Einstellung und schließlich auch sein Verhalten ändern und wieder mit dem Auto fahren. Die Bereitschaft, sich umweltgerecht zu verhalten, wird sich verflüchtigen, wenn sich das praktizierte umweltgerechte Verhalten als nachteilig erweist.

Einstellung und Verhalten korrelieren zwar, aber nicht so eng, dass man aus der Einstellung zu 100 % auf das Verhalten schließen kann und umgekehrt. Es kann sich sogar eine Kluft auftun (Schahn, 1993). Der Grund ist, dass das Verhalten auch von den wahrgenommenen Handlungsmöglichkeiten und, wie die Theorie des geplanten Verhaltens von Ajzen (1991) aussagt, ebenfalls von den sozialen Normen abhängt. Wenn es in einem Land die Norm ist, die alltäglichen Wege mit dem Fahrrad zurückzulegen, dann wird dieses Verhalten und zugleich eine positive Einstellung zum Fahrradfahren dadurch bekräftigt, dass die anderen Menschen es auch so machen und dass in diesem Land eine Radverkehrsinfrastruktur bzw. ein Verhaltensangebot existiert, das dieses Verhalten nahelegt und bekräftigt.

Damit Menschen dem Ziel einer nachhaltigen Entwicklung gegenüber eine positive, vergleichsweise stabile Einstellung entwickeln, reichen bloße Appelle nicht aus. Um eine „Pro-Nachhaltigkeit" Einstellung zu erzeugen und aufrecht-zuerhalten, bedarf es konkreter Verhaltensangebote und positiver Erfahrungen damit. Nur dann kann sich eine „pro-environmental identity" (Haggar et al., 2023) bzw. eine „environmental identity" (Clayton, 2003) herausbilden. Umwelt-identität ist eine Werthaltung bzw. eine Einstellung, die sich in diesem Fall auf das Einstellungsobjekt „natürliche Umwelt" richtet. Wer sich mit der natürli-chen Umwelt identifiziert, ist motiviert, sie vor Schaden zu bewahren, zumal eine Schädigung derselben auch einem selbst schaden würde. Auf Umweltidenti-tät („environmental identity") lässt die Zustimmung zu den folgenden Aussagen schließen (Clayton, 2003):

- Die Natur und mein Verhältnis zur Natur sind ein wichtiger Teil von mir selbst.
- Ich sehe mich selbst als Teil der Natur an und nicht als getrennt davon.
- Wenn ich aufgeregt, erschüttert oder gestresst bin, fühle ich mich sogleich besser, wenn ich mich eine Weile draußen in der Natur aufhalte.

Es gibt viele Strategien, um Einstellungen zu beeinflussen (Stroebe, 2014). Eine davon fußt auf der Theorie der kognitiven Dissonanz. Nach dieser Theorie werden Personen, die man dazu bringt, sich so zu verhalten, dass es ihrer Einstellung widerspricht, kognitive Dissonanz erleben. Weil es ein unangenehmer Zustand ist, sind sie bemüht, die Dissonanz zu reduzieren. Man ändert die Einstellung, sodass sie zu dem praktizierten Verhalten passt, oder man weicht aus und rechtfertigt sich (Bierhoff, 2002).

Eine Nutzung des Spillover-Effekts („spillover effect"), den Haggar et al. (2023) ausführlich beschrieben haben, bietet sich an. Es ist – salopp formuliert – ein „Überschwappen". Nach dem Besuch einer Ausstellung im Museum der Arbeit über den Abbau seltener Rohstoffe in der Erde unter menschenverachten-den Bedingungen beginnt man sich mit der Fragen der nachhaltigen Entwicklung und der Suffizienz zu befassen. Oder ein sparsamerer Wasserverbrauch bewirkt, dass man jetzt auch bestrebt ist, den Energieverbrauch zu reduzieren. Im weites-ten Sinne lässt sich ein verhaltensbezogenes Spillover als Reduktion kognitiver Dissonanz einordnen, indem man danach trachtet, Konsonanz zwischen Verhal-tensweisen wie z. B. dem Wasser- und dem Energieverbrauch herzustellen. Die Änderung eines bestimmten Verhaltens kann zu einer Sensibilisierung führen, indem bewusst wird, dass man sich auch in anderen Bereichen Ressourcen spa-rend verhalten kann. Wie Haggar und Mitarbeiter meinen, kann es der Beginn eines Prozesses sein, der zu einer insgesamt nachhaltigeren Lebensweise führt.

Die Nutzung des Spillover-Effekts ähnelt der „Foot-in-the-door"-Technik, die Hewstone und Martin (2014) mit anschaulichen Beispielen beschrieben haben: Ein Autoverkäufer lädt eine potenzielle Kundin ein, eine Probefahrt zu machen. Die Bereitschaft, das Auto zu kaufen, erhöht sich, wenn die Kundin darauf eingeht, die Probefahrt zu machen. Der Verkäufer nutzt die anfängliche Compliance als Mittel, um die Kundin geneigter zu machen, das Auto zu kaufen, d. h. sich konsistent zu verhalten. Oder: Wer eingewilligt hat, eine kleine Anstecknadel anzunehmen und zu tragen, mit der für eine lokale Wohltätigkeitsveranstaltung geworben wird, spendet mehr Geld als jemand, der die Anstecknadel abgelehnt hat.

Zum Einstellungswandel ist viel geforscht worden (Cialdini, 2004; Stroebe, 2014 usw.), was nicht nur die sozialpsychologische Forschung beflügelt hat, sondern auch die gesellschaftliche Bedeutung von Einstellungen und Werthaltungen zum Ausdruck bringt. Wenn es von der Einstellung abhängt, ob sparsam mit Energie umgegangen wird, ob umweltfreundliche Verkehrsmittel genutzt werden, ob man recycelt und weniger Müll produziert, wird man Einstellungen nicht außer Acht lassen können. Hinzukommen die sozialen Normen, sie sich in der sozialen Bewährtheit niederschlagen. Dieser Mechanismus besagt, dass sich die Menschen bei nicht leicht zu treffenden Entscheidungen, was richtig oder falsch ist, daran orientieren, was andere tun und für richtig halten (Cialdini, 2004). Oder sie orientieren sich an Autoritäten. Bereits Autoritätssymbole wie Titel, Kleidung und Auto entfalten eine Wirkung (Cialdini, 2004). Immer einflussreicher sind die Medien geworden, die viele Menschen erreichen. Wie wirkungsvoll sie sind, hatte sich bereits Anfang der 1970er-Jahre gezeigt, als der Bericht „Die Grenzen des Wachstums" publiziert und darüber in den Medien berichtet wurde (Hermand, 1991). Mit der Verbreitung der *neuen* Medien haben sich weitere höchst wirkungsvolle Wege der Beeinflussung von Einstellungen und Verhalten aufgetan. In den sozialen Netzwerken sind „Influencer" aufgetaucht, die ihre Bekanntheit und ihr Ansehen nutzen, um ihre meist zahlreichen „Follower" zu beeinflussen. Eine digitalisierte Gesellschaft, in der die Menschen durch ein weltweites Kommunikationsnetz miteinander verbunden sind, bietet neue mediale Möglichkeiten der Beeinflussung von Einstellungen und so auch des Verhaltens.

Folgenabschätzung und Evaluation

Aus dem Einflussschema für umweltbezogenes Verhalten (Abb. 1.4) geht hervor, dass die Konsequenzen des Verhaltens ein Einflussfaktor sind, von dem das künftige Verhalten abhängt. Verhalten wird bekräftigt, wenn dessen Folgen positiv erlebt werden. Es ist der Mechanismus des instrumentellen Lernens (Zimbardo & Gerrig, 2004). Angewendet auf die überindividuelle Ebene heißt das, Maßnahmen, die sich als erfolgreich erweisen, werden beibehalten und weiterhin praktiziert. Den Erfolg stellt man fest, indem man evaluiert. Verzichtet man auf eine solche Rückmeldung, kommt das einem „Blindflug" gleich. Zu einer Evaluation im Nachhinein kann noch eine Schätzung der Effektivität vorab hinzukommen, die vor allem bei kostenträchtigen Maßnahmen geboten ist. Die Folgenabschätzung ist prospektiv, man schaut voraus; bei der Evaluation schaut man zurück und sieht sich das Ergebnis an, aus dem man entnimmt, ob man richtig gehandelt hat. Es sind die Verfahren des Impact Assessment (Folgenabschätzung) und der „Post Occupancy Evaluation" (POE). *Post*-Occupancy heißt *nach* Ingebrauchnahme. Es ist eine systematische, methodisch durchdachte Evaluation, die im Anschluss an die Fertigstellung und Inbesitznahme gebauter Umwelt erfolgt (Schuemer, 1998). Nicht nur Fachleute, sondern vor allem auch die Nutzer sollen bewerten, inwieweit das neue Bürogebäude oder der erweiterte Schulkomplex oder die neue Wohnsiedlung funktional ist, d. h. zu den dort stattfindenden Aktivitäten passt, inwieweit die neu entstandene gebaute Umwelt den Bedürfnissen und Interessen der Nutzer gerecht wird und von ihnen als ästhetisch ansprechend oder aber als hässlich und deplatziert wahrgenommen wird. Es ist allerdings nicht damit zu rechnen, dass die individuellen Bewertungen übereinstimmen werden. Sie sind vielmehr je nach Blickwinkel unterschiedlich. Ein Beispiel dazu:

In Hannover fällt das Verwaltungsgebäude der Landesbank Nord am Aegidienplatz, gebaut von Behnisch und Partnern, ins Auge, zweifellos ein architektonisch interessantes Bauwerk. Die einen halten es für einen Glücksfall, die anderen für einen Missgriff. Wer hat Recht? Dass das Gebäude von den Architekten und Baufachleuten als Glücksfall und von den Passanten und Nutzern eher als Missgriff bewertet wird, bringt zum Ausdruck, dass Bewertungen subjektiv sind und dass ihnen unterschiedliche Kriterien zugrunde liegen. Die Passanten und Nutzer bewerten allein das Gebäude, dessen Aussehen und die Erfahrungen damit, die Fachleute und Erbauer sehen das Gebäude im Kontext der Stadt und so auch als ein vielleicht geeignetes „Wahrzeichen", an dem man sofort erkennen kann, um welche Stadt es sich handelt. Im einen Fall ist es eine bauliche, im zweiten Fall eine städtebauliche Perspektive (Flade, 2023a).

Ein weiteres Beispiel ist die weithin bekannte Elbphilharmonie, die man als Konzerthaus, bei dem es auf eine gute Akustik und eine für die Besucher die Orientierung erleichternde Übersichtlichkeit ankommt, oder als Bauwerk im städtischen Kontext und als Merkzeichen der Hansestadt bewerten kann. Die Bewertungen stimmen nicht unbedingt überein. In solchen Fällen muss man sich entscheiden, welche Kriterien maßgeblich sein sollen. Auch bei Maßnahmen, die im Zusammenhang mit dem Ziel einer nachhaltigen Entwicklung getroffen werden, ist ein Konsens nicht unbedingt zu erwarten. Dennoch spricht das nicht gegen ein Evaluieren. Statt eines „Blindflugs", der einen im Dunkeln lässt, wird sichtbar, dass der Sachverhalt hochkomplex ist und unterschiedlich bewertet werden kann.

Ein wesentliches Merkmal einer POE ist, dass es die von einer Maßnahme oder Planung betroffenen Menschen und nicht allein außenstehende Fachleute sind, die Urteile abgeben. Die Bewertung beschränkt sich so auch nicht nur auf eine Analyse objektiver Daten wie die Einhaltung von GFZ und GRZ sowie der Abstandflächen zwischen den Gebäuden. Die aktuellen oder auch die voraussichtlich künftigen Nutzer kommen zu Wort. Sie geben Auskunft, ob sie sich in ihrer Wohnumgebung wohlfühlen und inwieweit die Freiflächen ein sozialer Raum für sie sind. Ihre Aussagen liefern Informationen, die genutzt werden können, um gezielt zu verbessern oder es bei nachfolgenden Vorhaben anders zu machen.

Erforderlich für diese prospektiven und retrospektiven Verfahren sind definierte Kriterien. Vage Umschreibungen im SD-Zielkatalog reichen dabei nicht aus, wie z. B. die Formulierungen bei einem der Unterziele zum Ziel Nr. 1 „Keine Armut" zeigen: „Den nationalen Gegebenheiten entsprechende Sozialschutzsysteme und Maßnahmen für alle umsetzen, einschließlich eines Basisschutzes, und bis 2030 eine breite Versorgung der Armen und Schwachen erreichen" (RENN.nord, 2019). Um eine Folgenabschätzung oder eine Evaluation der Effizienz der Sozialschutzsysteme und Interventionen durchführen zu können, muss präzisiert werden, was unter Basisschutz zu verstehen ist und was mit einer breiten Versorgung gemeint ist und ab wann man von „arm und schwach" spricht. Ohne solche Präzisierungen sind weder ein Impact Assessment noch eine nachfolgende Evaluation möglich. Damit würde jedoch die Möglichkeit entfallen, den Erfolg der vorgesehenen oder durchgeführten Maßnahmen zu bewerten und sich gegebenenfalls neu auszurichten. Präzise Beschreibungen der Ausgangssituation, der durchgeführten Maßnahmen und der Erfolgskriterien sind erforderlich, um feststellen zu können, ob man mit großer Wahrscheinlichkeit auf dem richtigen Weg ist oder ob man das Ziel verfehlt hat. Hat man die zur Verfügung stehenden finanziellen, personellen und sachlichen Mittel richtig eingesetzt? Haben die Investitionen zu einer vermehrten Nachhaltigkeit beigetragen? Es ähnelt einem „Blindflug", wenn man auf eine Analyse möglicher oder beobachteter Auswirkungen verzichtet.

Evaluationen liefern ein nützliches Feedback; es kann umgesteuert oder nachgebessert werden. So prüft man z. B., ob nach einem halben Jahr, nachdem das Radverkehrswegenetz in einem Stadtteil im Rahmen eines Modellversuchs erweitert wurde, mehr Rad und weniger Auto gefahren wird. Ein weiteres halbes Jahr später wird noch einmal eine Verkehrszählung durchgeführt. Je nach Ergebnis wird das Planungskonzept auf weitere Stadtteile übertragen oder grundlegend überarbeitet. Die Abschätzung der Folgewirkungen von Interventionen ist vor allem dann geboten, wenn diese kosten- und zeitintensiv sind. Bei umfangreichen, hohe Kosten verursachenden Projekten wie der Errichtung eines neuen Stadtteils, dem Bau eines zweiten Tunnels, der Verlegung eines Fernbahnhofs, dem Anlegen eines dritten Terminals oder der Errichtung eines Staudamms oder der Begradigung eines Flusslaufes lassen sich Fehlplanungen durch eine systematische Folgenabschätzung vermeiden.

Zu unterscheiden sind vier Varianten des Impact Assessment: die Technikfolgenabschätzung wie z.B. der Einsatz von KI, die Umweltverträglichkeitsprüfung (Environmental Impact Assessment), die Bewertung der Folgen für die Menschen (Social Impact Assessment) und die Risikoeinschätzung (Fleischer, 1996). Als Beispiel für ein *Environmental* Impact Assessment hat Fleischer die Straßenplanung angeführt: Für den Bau von Straßen braucht man Bodenfläche, die man der Landschaft entzieht, was die natürliche Umwelt schädigen könnte, etwa weil Tiere ihr Habitat verlieren. Die negativen Auswirkungen der Rodung von Wäldern und dem Straßenbau quer durch die Landschaft müssen gegenüber den erwarteten positiven Folgen wie der Erschließung gewerblicher Standorte und zeitsparender Abkürzungen und dadurch geringerem Kraftstoffverbrauch abgewogen werden. D. h. das Ziel Nr. 15: Landökosysteme schützen, muss mit dem Ziel Nr. 9: Industrie, Innovation und Infrastruktur, unter einen Hut gebracht werden.

Wie Fleischer (1996) schreibt, wird nicht selten aus Kostengründen auf Folgenabschätzungen verzichtet, wenn eine gesetzliche Vorschrift fehlt, Evaluationen durchzuführen. Eine rechtliche und institutionelle Verankerung ist erforderlich. Die Psychologie kann zum Impact Assessment mit ihrem methodischen Knowhow bei der Entwicklung geeigneter Indikatoren, Messmethoden und Modellen sowie der Erhebung und Analyse der Bedürfnisse und Befürchtungen der von den geplanten Maßnahmen betroffenen Gruppen beitragen.

Ein immer wieder zitiertes Beispiel für das Scheitern eines Wohnbauprojekts, das auf einen maximalen Profit durch hohe bauliche Verdichtung ausgerichtet gewesen war, kann vor Augen führen, welch ein immenser Schaden entstehen kann, wenn bei solchen Großprojekten auf ein Impact Assessment verzichtet

wird. Die Großwohnsiedlung Pruitt Igoe in St. Louis in den USA war 1954
gebaut und 1972 wegen ihrer Nicht-Mehr-Bewohnbarkeit abgerissen worden (Bell
et al., 2001). Man hatte nicht nachhaltig gedacht, indem man nur die Ökonomie und in keiner Weise die Sozialverträglichkeit (und auch nicht die Ökologie)
im Blick gehabt hatte. Um Platz sparend zu bauen, war in der Siedlung kein
Raum für soziale Kontakte und Aktivitäten der Bewohner und keinerlei Spielraum
für Kinder eingeplant worden. Die engen Korridore in den Hochhäusern waren
für nachbarschaftliche Begegnungen und Kontaktaufnahmen ungeeignet. Die in
den Hochhauszeilen dicht beieinander wohnenden Menschen waren und blieben
Fremde. Die in der Siedlung herrschende Anonymität begünstigte die Bildung von
Gangs und einen Zustand der Anarchie. In den Aufzügen und Korridoren kam es
im Laufe der Zeit zu Diebstählen und Raubüberfällen. Eine Fixierung der Inves-
toren und Architekten ausschließlich auf Wirtschaftlichkeit und die gegenwärtige
Situation, vielen Menschen eine Wohnung zu verschaffen und möglichst dicht zu
bauen, führte zu einem Desaster.[8] Das Scheitern dieser Großwohnsiedlung zeigt
nicht nur die Bedeutung der Dimension „Sozialverträglichkeit", sondern auch,
wie wichtig das Ziel Nr. 11 ist: Städte und Gemeinden nachhaltig gestalten. Dies
gilt im besonderen Maße in einer sich zunehmend urbanisierten Gesellschaft.

Wirkungsanalysen, Verträglichkeitsprüfungen und die Folgenabschätzung auf
gesellschaftlicher Ebene sind äußerst relevant, denn von deren Auswirkungen sind
viele Menschen betroffen. Ein professionelles Impact Assessment kann verhindern, dass Planungen und Projekte realisiert werden, die sich in der Zukunft – wie
einstmals Pruitt Igoe – als Fehlinvestition herausstellen könnten. Durch eine systematische Folgenabschätzung kann die Wahrscheinlichkeit eines „in den Sand
setzen" verringert werden.

Mit dem Begriff der *Technik*folgenabschätzung ist die Identifizierung und
Bewertung der Folgen gemeint, die bei der Entwicklung, Herstellung und Nutzung von Techniken zu erwarten sind (Renn, 2005). Weil die meisten Menschen
heute in technischen Kulturen leben (Heßler, 2012), hat die Technikfolgenabschätzung automatisch einen hohen Stellenwert. So wird die Frage, wie die
Künstliche Intelligenz das Leben der Menschen und die gesamte Gesellschaft
verändern wird, intensiv diskutiert.

---

[8] https://de.wikipedia.org/wiki/Koyaanisqatsi. Koyaanisqatsi ist ein Film, der sich mit dem
Eingriff des Menschen in die Natur und generell zivilisationskritisch mit der menschlichen
Lebensweise beschäftigt. Der Film besteht aus Zeitlupe- und Zeitraffer-Bildsequenzen von
Städten und Naturlandschaften in den USA und der dazu von Philip Glass komponierten
Musik. Eine Szene zeigt die trostlose verlassene Großsiedlung Pruitt Igoe und deren Spren-
gung. Pruitt-Igoe gilt seitdem als exemplarisch für Fehlplanungen großer Wohnsiedlungen.

Trends sind in die Zukunft gerichtete Veränderungen (Jäckel, 2012). Langfristige Vorhersagen lassen sich relativ leicht für Systeme treffen, die isoliert, statisch und zyklisch sind. Für offene, dynamische und azyklische Systeme ist es erheblich schwieriger, verlässliche Trends festzustellen. Die Zukunft ist offen und dynamisch. Dementsprechend begrenzt sind die Möglichkeiten, Entwicklungen zutreffend vorherzusagen. Man muss sich mit Wahrscheinlichkeitsaussagen begnügen. Eine wichtige Methode ist dabei die Simulation, die bereits Meadows et al. (1973) angewendet haben, um die Grenzen des Wachstums auszuloten.

Szpunar et al. (2018) haben das Denken über die Zukunft („future-thinking") als „prospective cognition" bezeichnet. Simulation, Vorhersage, Absicht und Planung sind, wie die Forscher darlegen, die Kernelemente beim Denken an die Zukunft, die sowohl auf der individuellen als auch auf den überindividuellen Akteursebenen gelten. Unter *Simulation* verstehen sie die Konstruktion vorgestellter Ereignisse oder Zustände. Es wird untersucht, ob eine geplante Maßnahme auch in der Zukunft noch Sinn machen würde, wenn möglicherweise die Verstädterung zum Stillstand kommt und sich bereits eine Desurbanisierung abzeichnet.

Die Stadtentwicklung, von der es abhängt, wie die Menschen in den Städten künftig wohnen und leben werden, ist neben der Technikentwicklung ein wichtiger Bereich, in dem auf eine Folgenabschätzung nicht verzichtet werden sollte. Es geht dabei insbesondere um Fragen der Infrastruktur und der Flächennutzung. Ein Beispiel: Ein neuer Stadtteil wird geplant. Um einen wachsenden Autoverkehr von vornherein zu vermeiden, wird überlegt, ob eine neue U-Bahn Linie oder der Ausbau des Busverkehrs nachhaltiger, d. h. kostengünstiger, umweltverträglicher und sozialverträglicher wären, um den neuen Stadtteil an die Stadt anzubinden, ohne dass der Autoverkehr zunimmt. Schon allein wegen der immensen Kosten des Ausbaus der Infrastruktur wird man in einem solchen Fall wohl kaum auf ein Impact Assessment verzichten.

Planungen können verworfen werden, wenn sich herausstellt, dass die Kosten zu hoch sind, indem sie den Nutzen bei weitem übersteigen, oder dass mit erheblichen negativen Begleiterscheinungen zu rechnen ist. Sind die Kosten sehr hoch, wird gezögert, ob der Plan realisiert werden soll. Dabei kann es geschehen, dass sich zwischenzeitlich die Bewertungen, Einstellungen und Zielvorstellungen verändern. Das ist vor allem dann nicht unwahrscheinlich, wenn es sich um längere Zeiträume handelt. Ein Beispiel ist die Planung von Stadtautobahnen der Baubehörde aus dem Jahr 1958. Dazu hatte es damals geheißen: „Ein 135 Kilometer langes Stadt-Autobahn-Netz durch Hamburg – das ist zunächst noch Zukunftsmusik und ein Plan auf dem Papier erst. Niemand wagt zu sagen – schon

allein wegen der Kosten, die in die Milliarden gehen –, wann dieses Projekt verwirklicht werden kann".[9] Der Plan ist nicht verwirklicht worden. Das damalige
Leitbild der autogerechten Stadt galt irgendwann nicht mehr. Planungen, die nicht
in absehbarer Zeit realisiert werden, können überholt sein, weil neue Leitbilder
maßgeblich werden, die den Ausbau von Fahrradwegen und nicht den Bau von
Stadtautobahnen propagieren. Bezogen auf das Verfahren des Impact Assessment
bedeutet das zweierlei: Nicht nur die unmittelbare Zukunft muss in den Blick
genommen werden, sondern auch die etwas fernere Zukunft, und vor allem: Das
Impact Assessment sollte aktuell sein.

Es sind Architekten, Planer und Designer, die Überlegungen anstellen, wie
funktional und stimmig ihre Entwürfe auch in Zukunft sein werden. Ihre Entwürfe
enthalten eine Zukunftsperspektive, wenn sie sich nicht nur auf das augenblicklich
Passende beschränken, sondern die in Zukunft zu erwartende Gebrauchsfähigkeit
und Funktionalität der Gebäude, Räume und Dinge mit bedenken. Unsinnig ist
es z. B., Wohnungsgrundrisse nur auf eine Familienzyklusphase zuzuschneiden,
weil sich die familiäre Struktur wegen des hohen Entwicklungstempos der jüngeren Familienmitglieder relativ schnell verändert (Flade, 2006). Flexibel nutzbare
Räume ermöglichen eine zeitunabhängige Passung. Übertragen auf Maßnahmen
zur Förderung einer nachhaltigen Entwicklung heißt das, dass Interventionen
nicht nur auf die Optimierung des augenblicklichen Zustands gerichtet sein sollten. Auf der politischen Ebene geht es um das Abschätzen der Folgen von weit
reichenden Eingriffen, Planungen und technischen Innovationen, die mitunter
nicht nur die eigene Gesellschaft, sondern in Anbetracht des Ziels einer nachhaltigen Entwicklung die gesamte Erde betreffen. Dabei müssen stets alle drei
Dimensionen: die Ökonomie, die Ökologie und die sozialen Belange beachtet
werden, damit das Dreieck der Nachhaltigkeit (Abb. 1.1) nicht zusammenfällt.

Gefühle bezogen auf die Umwelt

Die Vorstellung, dass Wissen über die Umwelt ausreicht, um umweltgerecht zu
handeln, hat Lantermann (2001) als Illusion bezeichnet. Menschen handeln nicht
immer rational. „Vielmehr spielen in der Auseinandersetzung mit komplexen
Umwelten auch emotionale Prozesse eine erhebliche Rolle, denen Problemlö-
ser bei der Bearbeitung eines weitgehend unscharf definierten, dynamischen und
hoch vernetzten Problems unterworfen sind" (Lantermann, 2001, S. 12). Dass die
nachhaltige Entwicklung ein dynamisches, hoch vernetztes Geschehen ist, steht

---

[9] Bericht im Hamburger Abendblatt vom 27./28. September 1958, S. 4.

außer Frage. Die affektive Komponente der Einstellung spielt in diesem Prozess eine große Rolle. Emotionale Bewertungen von Räumen, Umwelten, Situationen und Ereignissen sind unwillkürlich erfolgende, d. h. *primäre* Reaktionen. „Primär" meint ein direktes Reagieren; das genauere Hinschauen und die kognitive Deutung und Präzisierung der Eindrücke folgt erst danach (Mehrabian & Russell, 1974; Russell & Snodgrass, 1987). Einen Raum, den man zum ersten Mal betritt, erlebt man zuallererst gefühlsmäßig entweder als eher angenehm oder eher unangenehm. Man empfindet dessen Atmosphäre, noch bevor man einzelne Dinge wahrnimmt. Ein angenehmes Ambiente bewirkt, dass man sich wohlfühlt. Man fährt Rad, weil es mit positiven Gefühlen einhergeht, aber nicht in erster Linie, um die Luft rein zu halten. Oder man fährt Auto, weil es einem das angenehme Gefühl vermittelt, selbstbestimmt und unabhängig zu sein; Transportmotive sind nicht allein entscheidend, sondern auch Extramotive spielen bei der Wahl des Verkehrsmittels eine wichtige Rolle (Flade, 2013).

Emotionale Reaktionen sind sofortige unwillkürliche Bewertungen, deren Bedeutung unterschätzt wird, doch von diesen primären Reaktionen hängt das weitere Verhalten ab. Ist der Gefühlseindruck positiv, wird man bleiben und sich näher mit einem Raum oder einer Sache befassen, was Mehrabian und Russell (1974) als „approach" bezeichnet haben. Ein negativer emotionaler Eindruck führt dagegen zu einem „avoidance". Ohne diese Fähigkeit, sofort auf eine Situation reagieren zu können, hätte die Menschheit nicht überleben können. Ist es gefährlich, muss man entweder sofort die Flucht ergreifen oder sich wappnen und zur Wehr setzen.

Emotionale Reaktionen sind nicht nur unmittelbar verhaltensrelevant, sondern auch wie Reflexe von Systemeinflüssen weitgehend unabhängig. Ein nachhaltiges Verhalten wird praktiziert, wenn es mit positiven Gefühlen einhergeht – unabhängig von Einstellungen und möglichen Handlungsanreizen.

Ein Beispiel, dass es gefühlsmäßig einen Unterschied macht, wenn man mit unterschiedlichen Verkehrsmitteln unterwegs ist, zeigte eine kleine Studie, in der Schüler und Schülerinnen im Alter zwischen 11 und 14 Jahren befragt wurden. Sie sollten Auskunft darüber geben, wie sie das Zufußgehen, Radfahren, die Nutzung öffentlicher Verkehrsmittel und das Mitfahren im Auto erleben (Flade, 2000). Zum Zufußgehen wurde z. B. geäußert: Man kann alles in Ruhe ansehen und sich an Schönes erinnern. Zum Radfahren hieß es: erfrischend, Wind im Gesicht, Gefühl von Freiheit, man hat Bewegung, frische Luft, schnell, fühle mich wohl, frei, gefällt mir sehr, toll, gesund, macht Spaß. Auch das Mitfahren im Auto wurde gut gefunden: Man hat Zeit und Muße, die Landschaft zu betrachten, Musik zu hören und sich zu entspannen. Das Unterwegssein mit öffentlichen Verkehrsmitteln wurde dagegen als wenig lustvoll erlebt. Es wurde beschrieben als eng, zu voll, heiß, langweilig, unwohl, gefällt mir weniger, unbequem. Das Radfahren war insgesamt die beliebteste Fortbewegungsart. Damit ist im Grunde der Weg zu einem nachhaltigen Mobilitätsverhalten bereits geebnet. Wer dann im Erwachsenenalter, ausgestattet mit einem Führerschein, über weitere Handlungsmöglichkeiten verfügt, wird das Verkehrsmittel wählen, das ihm am meisten Lust beschert. Oft ist es dann das selbstgesteuerte Auto und nicht mehr das Fahrrad. Sämtliche Appelle, ein nachhaltiges Mobilitätsverhalten an den Tag zu legen, sind vergeblich, wenn es mit negativen Gefühlen einhergeht.

Gefühle sind nicht nur ein psychisches, sondern immer zugleich auch ein körperliches Phänomen; sie sind mit der Ausschüttung bestimmter hirneigener Substanzen verbunden. Der Neurowissenschaftler Roth (2021) hat auf die aktuellen neuroanatomischen und neurophysiologischen Erkenntnisse hingewiesen, die durch die Verfügbarkeit neuer Untersuchungsmethoden der Hirnforschung wie insbesondere der Elektroenzephalografie, bei der die elektrische Aktivität des Gehirns gemessen wird, und der funktionellen Magnetresonanztomografie gewonnen wurden. Man kann jetzt feststellen, dass sich Verhaltensänderungen in der Umgestaltung neuronaler Netzwerke widerspiegeln, und auch, dass Gewohnheiten, die es erleichtern, den Alltag zu bewältigen, aus energetischen Gründen für das Gehirn vorteilhaft sind. Für Verhaltensroutinen reichen kleinere neuronale Netzwerke aus als für komplizierte geplante Handlungen sowie auch das Erlernen neuer Verhaltensweisen. Das heißt: Wer sich bisher nicht nachhaltig verhalten hat, wird es gern auch weiterhin so machen. Das Gehirn muss sozusagen mitmachen, um Verhalten zu verändern. Roth hat auch darauf aufmerksam gemacht, dass man richtig oder falsch belohnen kann. Falsch ist es, alles auf die Karte extrinsische Motivation zu setzen. Die Wirkung extrinsischer, d. h. materiell-monetärer und sozialer Belohnungen lässt bei Wiederholung schnell nach, während die intrinsische Belohnung gleichsam internalisiert wird. Das Ziel muss es deshalb sein, eine intrinsische Motivation zu erzeugen, die nicht von äußeren Belohnungen bzw. positiven Konsequenzen aus der Außenwelt abhängt.

Abschließend sei noch auf den hohen emotionalen Gehalt von Bildern hingewiesen. So wird auf Kunstwerke im öffentlichen Raum, wie z.B. die großformatigen, weithin sichtbaren Murals an Hauswänden emotional reagiert. Farbige Bilder auf Mauerwänden, die die Umweltzerstörung vor Augen führen, können sehr wirkungsvoll sein. Auf einem solchen Mural sieht man z. B. einen abgestorbenen Baum, der künstlich begrünt wird, indem er mit einem Sprühgerät grün gefärbt wird. Die Konturen der Person mit der Sprühflasche werden von dem offensichtlich giftigen Grün, das vom Baum herunterläuft, zerfressen.[10]

---

[10] „Mein Freund, der Baum, ist tot" in der FAZ vom 19.3.24, S. 9.

Emotionale Reaktionen erfolgen unwillkürlich, sie sind nicht geplant, sondern „Verhalten pur", d. h. nicht abhängig von Einstellungen, Handlungsanreizen und wahrgenommenen Verhaltenskonsequenzen.

Grundbedürfnisse

Als Menschenrechte werden moralisch begründete, individuelle Freiheits- und Autonomierechte bezeichnet, die jedem Menschen allein aufgrund seines Menschseins zustehen.[11] Dass Menschen ihre Grundbedürfnisse befriedigen können, gilt als Menschenrecht. Doch allein ein Blick auf das Ziel Nr. 2: kein Hunger, im SD-Zielkatalog führt vor Augen, dass eine Proklamation von Menschenrechten noch nicht heißt, dass ihnen auch genügt wird.

Maslow (1954) hat ein Modell geliefert, in dem er die Bedürfnisse pyramidenförmig angeordnet hat, um auszudrücken, dass erst die Bedürfnisse auf den unteren Stufen befriedigt sein müssen, ehe die „höheren" Bedürfnisse zum Motor des Handelns werden können. Die existentiellen Bedürfnisse nach Nahrung, Wasser, Wärme, Licht, Ruhe, Erholung, Schlaf und Schmerzfreiheit, Schutz vor Witterungseinflüssen und Sicherheit bilden die Basis. Der Hunger muss erst befriedigt werden, ehe die „höheren" Stufen betreten werden können. Ein hungriger Mensch, wird sich für Bildungsprogramme und Fortbildungskurse erst dann interessieren, wenn sein Hunger gestillt ist. Auf der Spitze der Pyramide hat Maslow das Bedürfnis, sich persönlich weiterzuentwickeln und psychisch zu wachsen, platziert. Dazwischen hat er die sozialen Bedürfnisse nach Zusammensein, Zugehörigkeit und Kommunikation, die Ich-Bedürfnisse nach einem positiven Selbstbild, nach Geltung, Anerkennung und Ansehen und nach Selbstwirksamkeit („self-efficacy") sowie die ästhetischen Bedürfnisse nach einer anregenden und schönen Umgebung angeordnet. Anerkannt werden heißt, dass man akzeptiert wird, dass man Recht bekommen kann und dass man Gleichwertigkeit erlebt (Reichenbach, 2020).

Menschen, die unter Armut leiden und Hunger haben, werden kaum daran denken, wie sie sich eine hochwertige Bildung verschaffen können (Ziel Nr. 4), und auch nicht, ob ihre einfache Behausung, die sie vor Kälte, Regen oder zu starker Sonneneinstrahlung schützt, ästhetisch ansprechend ist. Die existentiellen Bedürfnisse funktionieren nach dem Homöostase-Prinzip, d. h. sie verschwinden,

---

[11] Die Bundeszentrale für politische Bildung (2023) hat ein handliches kleines Heft, das man sich selbst basteln kann, unter „Spicker Politik Nr. 32" herausgegeben. Von Freiheit, Gleichheit, Leben, Solidarität, Würde, Bildung und Meinungsfreiheit ist die Rede. Menschenrechte sind universell, sie gelten für alle Menschen weltweit.

wenn sie befriedigt sind. Anders verhält es sich bei den „höheren" Bedürfnissen. Sie können grenzenlos werden.[12]

Auf welche Weise die Menschen ihre Bedürfnisse befriedigen, ist kulturell und individuell unterschiedlich. Die einen essen dies, die anderen das. Auch das Bedürfnis nach Anerkennung und persönlicher Geltung lässt sich auf unterschiedliche Weise befriedigen, z. B. indem man sich teure Designmöbel, kostspielige Sneaker, ein PS-starkes Auto oder eine geräumige Luxuswohnung anschafft. Überlegungen, ob das Verhalten nachhaltig ist, spielen dabei kaum eine Rolle. Man nutzt, das weite Spektrum der Konsumgesellschaft.

Zentral ist das Ich-Bedürfnis nach einem positiven Selbstbild. Man möchte anerkannt und geschätzt werden. „Eine Person wird sich in jeder Situation so verhalten, dass die antizipierten Konsequenzen ihres Tuns positive oder doch zumindest keine negativen Auswirkungen auf ihre Selbstwertschätzung und das Selbstwertgefühl erwarten lassen" (Lantermann, 1999, S. 12). Wenn nachhaltiges Verhalten zu einem positiven Selbstbild beiträgt, und mit einer Erhöhung des Selbstwertgefühls einhergeht, indem man sich als umweltbewusster und ökologisch versierter „Pionier" ausgeben kann, wird es realisiert. Inwieweit sich Menschen nachhaltig verhalten, hängt wesentlich von ihrer Bedürfnislage ab. Geht es ihnen vor allem um die Befriedigung ihrer Ich-Bedürfnisse und ein sich selbst Verwirklichen, wird ihr Sinnen und Trachten in erster Linie auf das eigene Ich und die Optimierung des Selbstbilds und weniger auf die Bewahrung der natürlichen Umwelt gerichtet sein.

Informationsaufnahme, Informationsverarbeitung, Kommunikationskompetenz

Das Umweltwissen ist ein bedeutender Faktor, wie ein Blick auf das Einflussschema für umweltbezogenes Verhalten (Abb. 1.4) zeigt. Inwieweit ein Mensch in der Lage ist, zwischen umweltgerechtem und umweltschädigendem Verhalten zu differenzieren, setzt ein Bescheid wissen voraus. Wie wird dieses Wissen erworben? Es beginnt mit der Aufnahme von Informationen aus der Umwelt, es folgt die Verarbeitung der aufgenommenen Information im sensorischen und Kurzzeitgedächtnis und der Speicherung im Langzeitgedächtnis. Die Weichen werden am Anfang mit den Signalen aus der Umwelt und der Aufmerksamkeit,

---

[12] Wie extrem das Geltungsbedürfnis sein kann und sich zu einem unstillbaren Wachstumsbedürfnis entwickelt, bringt das Grimm'sche Märchen „Von de Fischer un sin Frau" zum Ausdruck. Die Frau des Fischers ist unersättlich, was ihr zum Verhängnis wird.

die sich darauf richtet, gestellt (Abb. 2.4). Je nach dem Informationsangebot und der darauf gerichteten Aufmerksamkeit gelangt individuell Unterschiedliches in die Gedächtnissysteme und ins Langzeitgedächtnis, dem Ort, an dem das Wissen – so auch das Umweltwissen – gespeichert ist. Dieses Wissen liefert einen Deutungsrahmen, es wird bei der Verarbeitung und Interpretation von Informationen aktiviert und auf diese Weise fortwährend genutzt. Es liegt keinesfalls brach, sondern es bestimmt mit, wie wir unsere Welt wahrnehmen. Prozesse der Informationsverarbeitung und des Lernens verändern die Gehirnstrukturen (Roth, 2021). Es entstehen neuronale Verknüpfungen und Netzwerke, wodurch es möglich wird, einzelne Gegebenheiten in einen Zusammenhang zu bringen.

Die *objektive* reale Welt mitsamt ihren globalen Umweltproblemen und die *subjektive* wahrgenommene Welt sind nie identisch, denn die wahrgenommene Umwelt ist immer nur ein subjektiver und modifizierter Ausschnitt der objektiven Umwelt mit deren Fülle an Informationen. Wie dieser Ausschnitt aussieht, hängt nicht nur von den persönlichen Interessen, Vorlieben und Bedürfnissen ab, sondern auch davon, wie die Informationen präsentiert werden. Sieht man hin? Hört man zu? Liest man weiter? Die individuellen Ausschnittbildungen haben zur Folge, dass sich unterschiedliche „world views" ergeben. So werden z. B. Naturkatastrophen von den Klimaaktivisten als menschengemacht, von den Klimaleugnern als auf Naturkräften beruhende Geschehnisse, die es schon immer gegeben hat, interpretiert.

Menschen sind nicht nur Einzelwesen, die ihre Welt in dieser oder jener Weise wahrnehmen und deuten, sondern immer auch Sozialwesen, die Informationen mit ihren Mitmenschen austauschen. Weil die Lösung komplexer Probleme wie das Stoppen einer nicht nachhaltigen Entwicklung die Zusammenarbeit vieler Menschen erfordert, muss miteinander kommuniziert und bei auftauchenden

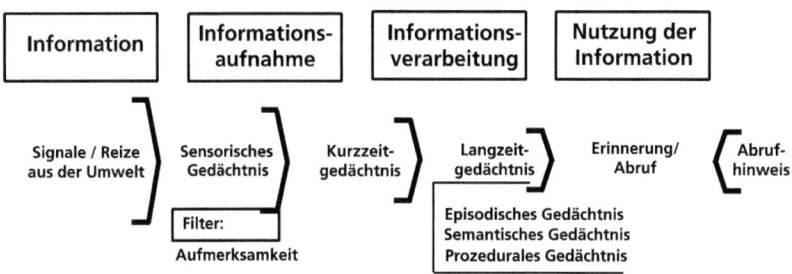

Abb. 2.4 Informationsverarbeitungsprozess (Blümelhuber, 2005, S. 144)

Zielkonflikten, unterschiedlichen nationalen Interessen oder regionalen Besonderheiten verhandelt und ein Kompromiss gefunden werden. Die Verfolgung des übergeordneten Ziels Nr. 17 im SD-Zielkatalog, „Partnerschaften bilden, um gemeinsam etwas zu erreichen", erfordert, dass alle Beteiligten grundsätzlich bereit sind, Kompromisse einzugehen. Doch Partnerschaften haben auch Tücken. Gruppendynamische Prozesse wie das „group think" und das „risky shift" können Verhandlungsergebnisse negativ beeinflussen. Beim Gruppendenken („group think") schließen sich Menschen, die als Einzelpersonen durchaus realistische und tragfähige Entscheidung treffen würden, der vorherrschenden Gruppenmeinung an. Es kann zu falschen Entscheidungen kommen, weil die Gruppenmitglieder nach einem Konsens streben – auch auf Kosten einer realistischen Bewertung der möglichen Handlungsalternativen (Hewstone & Martin, 2014). Nicht auszuschließen ist dabei auch noch eine *soziale* Unverantwortlichkeit, denn wenn viele etwas beschließen, kann kein Einzelner zur Rechenschaft gezogen werden. Es ist einer der Gründe, dass man in Gruppen risikofreudiger ist als man es als allein Verantwortlicher wäre. Es gibt somit Gründe, die in Gruppen getroffenen Entscheidungen nochmals von unabhängigen Personen kritisch prüfen zu lassen, ehe sie in politisches Handeln münden, denn Gruppendenken kann durchaus in unvernünftige und unsinnige Aktionen münden (Lück, 1987).

Doch auch mit einem kritischen Einzelverstand kann man an Grenzen stoßen, wie das Konzept der interpersonalen Verhandlungs- bzw. Kommunikationskompetenz besagt. Reichenbach (2020) hat anknüpfend an Selman (1984) zwischen unterschiedlichen Kompetenzstufen differenziert, was erklärt, warum manche Verhandlungen scheitern. Die untersten Stufen sind unreflektierte Gewalt, mit der die eigenen Ziele durchgesetzt werden, und einseitige Machtausübung. Eine höhere Stufe ist ein bewusstes Beeinflussen der anderen Person, um ihre Ansichten so zu ändern, dass sie mit der eigenen Ansicht übereinstimmen. Kennzeichnend für die höchste Stufe der Kompetenz ist, dass man die Argumente der anderen Person anhört und gegen die eigenen abwägt. Ein für alle Seiten akzeptabler gewaltfreier Kompromiss kommt am ehesten zustande, wenn alle Beteiligten hochkompetent sind. Verhandelt jedoch ein kompetenter Mensch mit einem nicht kompetenten Menschen, muss er sich auf ein niedrigeres Niveau begeben, um verstanden zu werden. Nach Reichenbach heißt das nichts anderes, als dass sich das „Primitivere" durchsetzt. „Nur jene Sprache ist wirkungsvoll, die von der Gegenseite verstanden wird", ist sein ernüchterndes Fazit. Im schlimmsten Fall ist es die unterste Stufe, nämlich die der Gewaltausübung. Kriege sind ein Beispiel dafür.

Dass bei dem Ziel Nr. 17, „Partnerschaften zur Erreichung der Nachhaltigkeitsziele", eine symmetrische Kommunikation unter den zahlreichen Beteiligten zustande kommt, ist nicht unbedingt zu erwarten. Häufiges Nein sagen, ständiges

Widersprechen und zermürbende Streitereien, Weghören, Kommunikationsver-
weigerung bis hin zum Machteinsatz und der Gewaltandrohung sind Probleme,
die bei mangelnder Symmetrie auftreten und ein Kommunizieren erschweren oder
auch unmöglich machen (Reichenbach, 2020). Gruppendenken und eine asym-
metrische Kommunikation können die Bemühungen, die Ziele einer nachhaltigen
Entwicklung zu erreichen, behindern. Noch schwieriger wird es, wenn es nicht
nur wenige sind, die miteinander diskutieren, um die bestmöglichen Lösungen zu
finden, sondern wie bei den Vereinten Nationen oder internationalen Konferenzen
sehr viele Menschen. Nicht nur, dass die beteiligten Nationen ihre eigenen Interessen vertreten, hinzukommen auch noch unterschiedliche Kompetenzniveaus, die
es erschweren, Kompromisse auszuhandeln.

Informationen werden nicht nur durch ein direktes Kommunizieren mit
anderen vermittelt, etwa durch Lehrer, die Kindern und Jugendlichen etwas bei-
bringen, oder in Diskussionen in Gruppen, sondern im großen Ausmaß über
Medien (Fuhrer & Wölfing, 1997). Angesichts der ungeheuren Mengen an Informationen in einer globalisierten Welt, in der die Menschen einer nicht zu
bewältigende Informationsflut ausgesetzt sind, ist jede Informationsaufnahme
zwangsläufig mit einer weitreichenden Selektion verbunden. Was ein Mensch
aus dieser gewaltigen Informationsmenge aufnimmt und im Gedächtnis speichert,
bestimmt sein Wissen. Über die individuelle Selektion hinaus existiert eine überindividuelle Selektion, denn auch die Medien können nicht über alle Ereignisse
in der Welt berichten – einmal davon abgesehen, ob sie es wegen bestimmter Schwerpunktsetzungen überhaupt wollen. Es wird ausgewählt. Frames sind
Rahmen, die bestimmen, welche Informationen weg- und welche durchgelassen
werden. Strategisches Framing findet statt, wenn der Rahmen gezielt so gesetzt
wird, dass man z. B. die Vorgeschichte einfach weglässt und bestimmte Informationen ausblendet und stattdessen andere hervorhebt, betont und bebildert
(Oswald, 2019). Das strategische Framing liefert so eine Vorauswahl. Wehling
(2017) hat Frames als gedankliche Deutungsrahmen bezeichnet. Wie sie gemeint
hat, sind in der politischen Debatte nicht Fakten das Entscheidende, sondern
Frames, die den Fakten erst eine Bedeutung verleihen. Weil Frames immer selek-
tiv sind, indem sie bestimmte Inhalte hervorheben und andere weglassen, liefern
sie Bewertungen und Interpretationen gleich mit. Auch Begriffe können Frames
sein. So suggeriert der Begriff „Rettungsschirm", dass man sich nicht fürch-
ten muss, denn was immer auch geschehen mag, man wird gerettet (Wehling,
2017). Man kann beruhigt sein, denn es ist nicht weiter schlimm, wenn Regierungen, Banken, politische Bündnisse und kaum kontrollierte internationale Märkte
Notlagen verursachen, denn man wird ja gerettet werden.

Bestimmten Themen wird eine Bühne bereitet, andere kommen nicht zur Sprache. Wenn es zum Ziel Nr. 10 heißt: Ungleichheiten innerhalb von und zwischen den Staaten verringern, zielt das vor allem auf die Beseitigung der wirtschaftlichen Ungleichheit ab. Andere Ungleichheiten wie das Bevölkerungswachstum oder der Anteil an Analphabeten bleiben außen vor. Diese Formen der Ungleichheit werden in der Liste der SD-Ziele nicht zur Sprache gebracht.

Das strategische Framing bedeutet für die individuelle Informationsverarbeitung, dass die Signale aus der Umwelt, die wahrgenommen werden, bereits gefiltert sind. Der in Abb. 2.4 dargestellte Ablauf muss so um eine Vorphase ergänzt werden. Durch das in dieser Vorphase erfolgte voran gegangene Framing fallen bestimmte Informationen weg, andere werden so hervorgehoben, dass sich die Aufmerksamkeit darauf richtet. Das individuelle Wissen ist demzufolge das Ergebnis eines doppelten Framings.

Ein wachsendes Problem sind Fake News, mit einer Täuschungsabsicht verbundene falsche Nachrichten. Zugrundeliegende Motive der Sender von Fake News sind politische und ökonomische Interessen. Bestimmte Inhalte werden total verzerrt präsentiert, andere werden einfach erfunden. Ein darauf fußendes vermeintliches Wissen könnte nachhaltiges Handeln verhindern, wenn man nämlich glaubt, dass es sich um eine „Klimalüge" und nichts weiter als Panikmache handelt.

Das Thema „Informationsaufnahme und Informationsverarbeitung" ist sehr vielschichtig. Auch der sog. „Google-Effekt", gehört dazu. Das Internet fungiert längst als *externes* Gedächtnis, das jederzeit verfügbar ist (Sparrow et al., 2011). Man braucht das Wissen nicht mehr selbst zu speichern. Fehlt das *interne* Gedächtnis, dessen darin gespeichertes operatives, episodisches und semantisches Wissen auch dazu gebraucht wird, die Wahrnehmungen bzw. aufgenommenen Informationen zu deuten, ist man, wenn das interne Gedächtnis leer ist, umso mehr auf äußere Wissensquellen angewiesen, um Informationen einen Sinn zu verleihen. Wenn man das im internen Gedächtnis gespeicherte Wissen als *Bildung* definiert (Liessmann, 2017), dann ist eine Auslagerung ins externe Gedächtnis ein Bildungsverlust.

Seit der Verfügbarkeit eines unermesslichen Speichers an Informationen in Form des Internets scheint es nicht mehr unbedingt erforderlich zu sein, sich etwas einzuprägen und im Langzeitgedächtnis zu bewahren. „The Internet has become a primary form of external or transactive memory, where information is stored collectively outside ourselves" (Sparrow et al., 2011, S. 776). Der Zugriff zu einem ungeheuren Wissen ist jederzeit problemlos möglich. Dass der Mensch damit immer abhängiger von digitalen Geräten wird, liegt auf der Hand. Versagt z. B. das Navi-Gerät, kann er sich nicht mehr orientieren, wenn er weder über einen Stadtplan oder eine Landkarte, noch über eine kognitive Karte verfügt. Vor allem zu Buche schlägt jedoch, wenn sich das aus dem Internet geholte punktuelle Wissen nicht mehr in Bildung: die Fähigkeit, das Wissen zu nutzen, um Beziehungen zwischen sich und der Welt herzustellen, umwandelt (Liessmann, 2017). Ein ausgelagertes Gedächtnis mit einem „Having Information at Our Fingertips" (Sparrow et al., 2011, S. 776) reicht dazu nicht aus. Bildung ist ohne ein aktives kognitives Engagement nicht zu haben.

Ein weiterer Punkt, der Bildung auszeichnet, ist, wie Liessmann (2017) ausgeführt hat, die Fähigkeit, zwischen News und Fake News zu unterscheiden. Wer Informationen über die Notwendigkeit einer nachhaltigen Entwicklung als Fake News im Sinne einer Panikmache oder als Werk von Verschwörern abtut, wird kaum motiviert sein, sich über Nachhaltigkeit Gedanken zu machen und über sein umweltbezogenes Verhalten nachzusinnen.

Nach Götz-Votteler und Hespers (2019) sowie Taubert und Schmid (2024) gedeiht der Verschwörungsglaube besonders gut in einem Klima der Unsicherheit. Fast alle Menschen wünschen sich eine sichere Welt, sodass es nachvollziehbar ist, wenn man an etwas glaubt, was Sicherheit zu versprechen scheint. Verschwörungstheorien senden Botschaften aus, die man dann für bare Münze hält, wenn sie geeignet sind, das Bedürfnis nach Sicherheit befriedigen. Die Unsicherheit wird verringert, indem man die Nachrichten, die besser zu den eigenen Vorstellungen passen, als zutreffend akzeptiert.

Oeberst und Meuer (2024) haben zwischen vier Formen einer verzerrten Informationsverarbeitung differenziert, wobei sie betont haben, dass diese Verzerrungen normale Phänomene sind, also nicht nur typisch für Menschen, die an Verschwörungen glauben:

- Zusammenhänge sehen, wo keine sind,
- etwas falsch attribuieren,
- in der Rückschau wissen, was man hätte anders machen müssen,
- Bestätigungsfehler.

Es sind in der Tat verbreitete, normale Phänomene. Einen genau bestimmbaren Punkt, an dem sich solche „Verzerrungen" in einen Verschwörungsglauben verwandeln, gibt es nicht. So ist das Phänomen der „self-fulfilling prophecy" (Bestätigungsfehler) weit verbreitet: Man meint, etwas nicht zu können und kann es dann auch nicht, oder man wählt die Partei, von der es in den Meinungsumfragen heißt, dass sie gewinnen wird. Hier wirkt der Mechanismus der sozialen

Bewährtheit (Cialdini, 2004). Dass mit Meinungsumfragen Stimmungen verstärkt oder umgelenkt werden können, verleiht ihnen politische Relevanz.[13]

Warum glauben Menschen, dass die Rede von der Erderwärmung eine „Klimalüge" ist? Wer das glaubt, wird nicht motiviert sein, sein Verhalten zu ändern. Er wird vielmehr von einem tiefen Misstrauen erfüllt sein gegenüber dem, was Politiker verkünden. Das tief reichende Misstrauen lässt ein Vakuum entstehen, das Unsicherheit hervorruft (Pierre, 2020). Und weil existentielle Bedürfnisse, zu denen auch das Bedürfnis nach Sicherheit gehört, unbedingt befriedigt werden müssen, versucht der Mensch, ein solches Vakuum zu füllen, indem er die Geschehnisse erklärt. Abgesehen von jedem Verschwörungsglauben drückt sich in diesem Bestreben das Verlangen des Menschen aus, seine Umwelt verstehen und kontrollieren zu können (Fischer & Stephan, 1996).

Im Einflussschema für umweltgerechtes Verhalten (Abb. 1.4) lässt sich die Aufnahme und Verarbeitung von Informationen der Komponente Umweltwissen zuordnen. Problematisch ist, wenn sich dieses Wissen zum großen Teil aus Fake News speist, denn Einstellungen und Verhalten hängen zum großen Teil davon ab. Fake News können so einen erheblichen Schaden anrichten.

Lebensqualität und Wohlbefinden

Man stelle sich vor, dass die im SD-Katalog genannten ersten Ziele „keine Armut" und „kein Hunger" erreicht wurden und es nun allen Menschen möglich ist, ihre existentiellen Bedürfnisse zu befriedigen. Für ein gutes Leben würde das jedoch noch nicht reichen, denn jetzt treten die sozialen und die Ich-Bedürfnisse auf den Plan, die nicht zum Vorschein kommen, solange die existentiellen Bedürfnisse nicht erfüllt sind. Zu einem guten Leben gehört somit noch mehr als nicht arm und nicht hungrig zu sein. Es gehören dazu Wohlbefinden, das Gefühl von Glück und die Abwesenheit von Sorgen und Ängsten, bestmögliche Bedingungen in allen Lebensbereichen wie der Arbeitswelt, dem Wohnen, der Gesundheit, der Bildung und den sozialen Beziehungen (Glatzer, 1996, 2005). Ein gutes Leben bzw. Lebensqualität umfasst so mehr als nur einen wünschenswerten individuellen Zustand wie Gesundheit und Wohlergehen; zu einem guten Leben gehört auch eine „gute" Umwelt dazu.

---

[13] In der Antike war das Orakel von Delphi berühmt. Was dort verkündet wurde, hat man ohne Bedenken geglaubt. Allein aus diesem Grund konnte es geschehen, dass Ödipus seinen Vater Laios umgebracht hat. Er hat nicht wissen können, dass Laios sein Vater ist. Hätten seine Eltern den Orakelspruch verworfen, wäre all das nicht passiert.

Wohlbefinden ist eine positive Bewertung des eigenen Lebens, die emotionale Reaktionen auf Vorkommnisse, Stimmungen und Zufriedenheiten mit verschiedenen Lebensbereichen wie Familie und Arbeitswelt umfasst (Diener et al., 2003). Es ist ein gutes Lebensgefühl, ein Freisein von Belastungen und Sorgen sowie ein Einverstanden sein mit sich und der Welt. Der Mensch strebt nach diesem guten Lebensgefühl. Es ist, wie Keul (1995) formuliert hat, ein Grundziel menschlichen Erlebens und Verhaltens, sich in Situationen eher wohlfühlen zu wollen als zu leiden (S. 232). Ähnlich heißt es bei Diener (1984): „Throughout history philosophers considered happiness to be the highest good and ultimate motivation for human action" (S. 542). Strategien, um eine nachhaltige Entwicklung zu fördern, darunter die Bereitschaft, auf unmittelbar Lustvolles zu verzichten, sind deshalb kaum durchsetzbar, wenn sie das Wohlbefinden allzu sehr schmälern.

Glatzer (1996) hat das Konzept der Lebensqualität weit gefasst, indem er auch die gesellschaftliche Ebene einbezogen hat. Dazu gehören: „Freiheit und Sicherheit, Solidarität und politische Beteiligung, Verteilungsgerechtigkeit und Vorsorge für zukünftige Generationen" (S. 240). Mit der „Vorsorge für künftige Generationen" hat Glatzer bereits vor einigen Jahren eine Brücke zwischen nachhaltiger Entwicklung und Lebensqualität hergestellt.

Im SD-Zielkatalog wird die Lebensqualität im Ziel Nr. 3: Gesundheit und Wohlergehen, angesprochen. Während der Begriff „Gesundheit" weit gefasst ist, indem er das physische und psychische „Intaktsein" umfasst, wobei der Schwerpunkt meistens auf der körperlichen Gesundheit liegt, betont der Begriff Wohlbefinden („subjective well-being") vor allem das Psychische.

Das Wohlbefinden, nach dem der Mensch strebt, hängt wesentlich von den Umweltbedingungen ab (Diener, 1994). Suffizienzstrategien werden nicht akzeptiert, wenn sich dadurch die Lebensbedingungen subjektiv verschlechtern. Hunecke (2022) hat sich deshalb gefragt, auf welche psychischen Ressourcen Menschen zurückgreifen könnten, die Verzicht ermöglichen, ohne das Wohlbefinden zu beeinträchtigen. Psychische Ressourcen sind unter anderem Selbstakzeptanz, Selbstwirksamkeit und Solidarität. Sofern diese Ressourcen vorhanden sind und es gelingt, sie zu nutzen, fällt es leichter, sich auf ein Weniger einzulassen und sich dennoch wohlzufühlen.

Der Erfolg des Deutschlandtickets hängt auch davon ab, wie wohl man sich fühlt, wenn man mit öffentlichen Verkehrsmitteln unterwegs ist. Nach dem Kauf eines solchen Tickets, mit dem man im ganzen Land mit Regionalzügen so oft und weit wie man will reisen kann, stellt man fest, dass es weniger aufwendig und spürbar angenehmer ist, mit dem Zug als wie bisher mit dem Auto zu fahren. Macht man jedoch die Erfahrung, dass das Reisen mit Regionalzügen beschwerlich ist, weil die Züge überfüllt sind und man keinen Sitzplatz bekommt, und dass sie oft unpünktlich sind und man den Anschlusszug nicht erreicht, ist es mit dem Wohlbefinden schnell vorbei. Man wird vom Bahnfahren nichts mehr wissen wollen. Moralische Appelle, dass man dem Klima zuliebe weniger mit dem Auto fahren sollte, taugen wenig, wenn attraktive alternative Verhaltensangebote fehlen, und man stattdessen damit rechnen muss, „an windigen Haltestellen ‚zulange' auf überfüllte Züge/Busse zu warten" (Keul, 1995, S. 233). Wohlbefinden ist ein ultimatives Motiv für menschliches Handeln. Nachhaltig handeln wird ein Mensch nur dann, wenn dadurch sein Wohlbefinden nicht allzu sehr beeinträchtigt wird.

Lebensstile und Konsumverhalten

Der Lebensstil ist ein Mix aus verschiedenen Dimensionen: objektiven Merkmalen wie der sozioökonomischen Lage und dem Bildungsstand und subjektiven Merkmalen wie Einstellungen, Werthaltungen, Geschmacksmustern, Interessen, kulturellen Vorlieben, Lebenszielen, Freizeitaktivitäten, Mediennutzung, Konsumverhalten und Vorlieben für bestimmte Wohnstandorte. Zum Beispiel wohnen die einen lieber in der Großstadt, die anderen lieber in ländlicheren Gegenden. Der Lebensstil lässt sich im Einflussschema für umweltbezogenes Verhalten (Abb. 1.4) als Persönlichkeitsmerkmal einordnen. Dass sich aus vielen Einzelmerkmalen zusammensetzende Persönlichkeitsmerkmal hat einen erheblichen Einfluss auf das Verhalten.

Der Lebensstil eines durchschnittlichen Europäers oder Nordamerikaners lässt sich nicht auf alle Menschen auf der Erde übertragen, denn dann wären, wie Renn (1996) gemeint hat, die natürlichen Ressourcen längst verbraucht und die Umweltbelastung noch schwerwiegender. Renn hatte dabei den *durchschnittlichen* Lebensstil der Menschen in den modernen Industriegesellschaften im Blick, er hat jedoch nicht wie Schneider und Spellerberg (1999) sowie Reusswig (2002) zwischen den Lebensstilen innerhalb dieser Gesellschaften differenziert. Hier gibt es unterschiedliche Einteilungen. Schneider und Spellerberg haben zehn, Reusswig hat neun Lebensstile identifiziert.

Dass es vom Lebensstil abhängt, inwieweit sich ein Mensch umweltgerecht verhält, zeigt sich besonders deutlich bei dem hedonistischen Lebensstil. Hedonisten sind eher wenig bereit, auf etwas Lustvolles zu verzichten oder auf etwas, was Spaß macht und Wohlbefinden garantiert, auf einen späteren Zeitpunkt zu verschieben. Wer im Hier und Jetzt lebt, interessiert sich kaum für das, was in der Zukunft sein wird, und damit auch kaum für die Belange der Nachhaltigkeit.

Manche Lebensstile sind expressiv, sie werden zur Schau gestellt. Auf diese Weise lässt sich die Individualität herausstreichen. Vor allem das Konsumverhalten ist ein Mittel, um die eigene Besonderheit hervorzukehren. „Weit stärker als in früheren Gesellschaften wird die Individualität im Lebensstil in spezifischen Formen des Konsums ausgedrückt" (Fuhrer & Wölfing, 1997, S. 12).

Das Konsumverhalten ist eines der Merkmale des Lebensstils. Es ist deshalb mehr als nur ein schlichtes Einkaufsverhalten, um den eigenen Bedarf zu decken und die körperlich-biologischen Bedürfnisse zu befriedigen. Es hat auch symbolische Funktion (Reisch & Scherhorn, 2005). Man kann damit etwa mit einem bestimmten Outfit sowohl seinen einzigartigen Geschmack als auch seine Zugehörigkeit zu einer Gruppe zum Ausdruck bringen. Durch diesen expressiven Konsum lässt sich das Selbstkonzept stärken. Doch es gibt noch weitere Aspekte. Kals et al. (2023) haben sechs Faktoren angeführt, die das Konsumverhalten beeinflussen: Kosten-Nutzen-Abwägungen, Wissen und Information, Gewohnheiten und Routinen, Identität, Status und soziale Normen, moralische Motive und Werte sowie soziodemografische Merkmale. Was die symbolische Funktion des Konsumverhaltens betrifft, sind die Faktoren Identität, Status und soziale Normen entscheidend. Ein die Identität stärkender Konsum kann sich bis zur Kauflust steigern.

Ein Versuch, ein nicht nachhaltiges Konsumverhalten zu beeinflussen, ist die Wissensvermittlung.

Eine Konsum- und Lebensweise, die den Naturhaushalt über den hohen Energieverbrauch, die CO_2-Emissionen und die Abfallmengen belastet, ist in den industrialisierten Ländern bislang das Übliche. Dennoch ist Reusswig (1999) der Frage nachgegangen, welchen Beitrag eine Veränderung des Lebensstils für die Ökologie vermutlich bringen würde. Er hat dazu eine detaillierte Tabelle erstellt, er zwischen neun Lebensstilen unterschieden hat. Diesen hat er die Barrieren für ökologisches Verhalten und mögliche Überwindungsstrategien zugeordnet. So ist für den hedonistischen Lebensstil Genuss und Gegenwartsorientierung und eine Verzichtaversion typisch. Die Gruppe des als „alternatives Milieu" bezeichneten Lebensstils, der Gegenpol, die primäre Trägergruppe und ökologische Avantgarde, die Suffizienz propagiert, ist klein und dementsprechend nur für eine Minderheit ein Leitbild. Angesichts der Vielfalt der Lebensstile ist Reusswig zu dem Schluss gelangt, dass die Gesellschaft viel zu komplex ist, als dass sich ein Trend wie die Ökologisierung des alltäglichen Lebens überall durchsetzen könnte. Eine Umorientierung in Richtung einer nachhaltigen Entwicklung kann außerdem nicht von „außen" gesteuert bzw. „von oben" verordnet werden. Das gewünschte Handeln kann jedoch durch Handlungsanreize und ein mediales Framing unterstützt werden. So könnte man etwa hedonistisch orientierte Menschen für das

Anliegen „Nachhaltigkeit" begeistern, indem man Ökologie mit Spaß und „Trendiness" in Verbindung bringt. Reusswig hat diese Vorschläge bereits vor 25 Jahren formuliert. Allein die seither verstrichene Zeit zeigt, wie schwierig es ist, mit dem Anliegen „nachhaltige Entwicklung" weiterzukommen. Es könnte auch ein Hinweis sein, dass psychologisches Wissen bisher zu wenig beachtet worden ist.

Eine wichtige Frage ist diejenige nach den Kosten. Geld und Zeit sind Kosten, die investiert werden müssen, des Weiteren ein Verzicht auf Komfort. Ist es teurer, sich nachhaltig zu verhalten? Auch umweltbewusste Konsumenten handeln weniger umweltgerecht, je höher die Kosten sind, die sie dann auf sich nehmen müssten. Es ist zweifellos ein großes Hindernis, wenn nachhaltiges Konsumverhalten mit deutlich höheren Kosten einhergeht (Reisch & Scherhorn, 2005). Bezogen auf das Einflussschema für umweltbezogenes Handeln (Abb. 1.4) heißt das, dass die Handlungsanreize falsch gesetzt sind.

Derzeit zeichnet sich eine Entwicklung ab, die immer deutlichere Konturen annimmt. Politisch und medial unterstützt bildet sich eine Lebensweise heraus, die sich als „woke" versteht (Ahrbeck, 2024). Dahinter verbirgt sich mehr als ein hedonistischer Lebensstil, der „friedlich" neben anderen Lebensstilen koexistiert, sondern eine aggressive Abwertung und Ablehnung anderer Lebensformen. Erklären lässt sich dieses Phänomen mit der sozialen Identitätstheorie von Tajfel (1982), der die soziale Identität als eine Substruktur der Ich-Identität definiert hat. Die Gruppe, mit der man sich identifiziert, wird positiv bewertet, was sich noch dadurch steigern lässt, indem man die Fremdgruppe abwertet. Fraglich ist, ob für Menschen mit einer „woken" Lebensweise, für die das individuelle Erleben und die Selbstbestimmung den höchsten Stellenwert haben (Ahrbeck, 2024), die nachhaltige Entwicklung überhaupt ein Anliegen ist. Sie handeln als Mitglieder einer Gruppe Gleichgesinnter, die ihre Identität stärkt. Menschen, die „ihre" Fußballmannschaft für die allerbeste halten und das lauthals verkünden, die an Demonstrationen teilnehmen, um gegen Fremdenfeindlichkeit und Rassismus oder gegen Rechtsextremismus zu protestieren oder um ihre Solidarität mit der Zwangslage der Palästinenser im Gazastreifen zu zeigen, tun dies wegen einer Bindung an eine Gruppe und deren Sache und nicht nur aus individuellem Eigeninteresse (Spears & Tausch, 2014, S. 530). Es ist ein neuer, aggressiv daherkommender Lebensstil, der von einer biosphärischen Haltung, der Wertschätzung der Natur und des gesamten Ökosystems (Stern et al., 1993), weit entfernt ist.

Mobilität und Verkehrsinfrastruktur

Der Verkehr gehört neben den Bereichen Energie, Gesundheit, Ernährung, Bauen und Wohnen zu den wichtigen Feldern einer Politik der Nachhaltigkeit (de Haan, 2001). Verkehr ist eine sich aus individuellen Fortbewegungen zusammensetzte *Gesamtheit:* „Verkehr ist all das, was sich auf den Straßen, den Meeren und in der Luft an Verkehrsmitteln bewegt sowie – unter der etwas widersprüchlichen Bezeichnung ‚ruhender Verkehr' – in und entlang der Verkehrswege bzw. Terminals ruht" (Molt, 1992, S. 72). Es ist die Summe aller Fortbewegungen bezogen auf einen bestimmten Ort, z. B. einer Kreuzung, einer Autobahnstrecke oder einem Land, sowie bezogen auf einen bestimmten Zeitpunkt, etwa der Rushhour am Morgen oder ein Ferienwochenende. Wenn viele Menschen an einem Ort zusammentreffen, die sich mit unterschiedlicher Geschwindigkeit und in unterschiedliche Richtungen fortbewegen, benötigt man Regeln mitsamt einer Verkehrsinfrastruktur, um Chaos, Zusammenstöße und Unfälle zu vermeiden. Fakt ist, dass der Verkehr ein wichtiger Wirtschaftsfaktor ist und dass Mobilität sehr positiv bewertet wird. Im Nachhaltigkeitsdreieck sind es die Ökonomie und die sozialen Belange. Doch wie steht es mit der Ökologie? Mobilität ist für den Menschen lebensnotwendig; sich fortbewegen können, gehört zum Lebendig sein (Flade, 2013). Die Lösung kann also nicht sein, die Mobilität einzuschränken, sondern sie auf weniger umweltschädigende Verkehrsmittel zu verlagern. Inwieweit das gelingt, hängt auch von der Beschaffenheit der Verkehrsinfrastruktur – den Verhaltensangeboten– ab.

Der motorisierte Individualverkehr benötigt viel Platz (vgl. Abb. 1.6), er verbraucht Umweltressourcen, er produziert Schadstoffe, die die Luft verunreinigen, und er mindert die Lebensqualität der Anwohner an den Straßen durch Verkehrslärm und mangelnde Verkehrssicherheit sowie dem Einschränken der Aktionsräume von Kindern und die Notwendigkeit einer Begleitmobilität, damit die Kinder ungefährdet zu ihren Zielorten gelangen.

Es ist im Grunde die Konstellation der Allmende-Klemme: von einer knappen Ressource wie den Straßen und Plätzen in einer Stadt wollen alle etwas abhaben, indem sie sich dort frei bewegen können. Das Warten an Ampeln und in Staus zeigt, dass das nicht immer möglich ist. Trotz der wirtschaftlichen Bedeutung und trotz der massiven negativen Auswirkungen des motorisierten Verkehrs auf die Umwelt wird im SD-Zielkatalog das Thema „Verkehr" nicht direkt adressiert. Es taucht lediglich in einem der Unterziele zum Ziel Nr. 11: Städte und Siedlungen nachhaltig gestalten, auf. Dort heißt es: „Bis 2030 den Zugang zu sichern, bezahlbaren, zugänglichen und nachhaltigen Verkehrssystemen für alle ermöglichen und die Sicherheit im Straßenverkehr verbessern, insbesondere durch den

Ausbau des öffentlichen Verkehrs, mit besonderem Augenmerk auf den Bedürfnissen von Menschen in prekären Situationen, Frauen, Kindern, Menschen mit Behinderungen und älteren Menschen" (RENN.nord, 2019). Der Ausbau des öffentlichen Verkehrs ist ein Schritt in Richtung Nachhaltigkeit, denn die Allmende Straßenraum wird weniger beansprucht, wenn die individuelle Mobilität zu einer kollektiven Mobilität gebündelt wird. Die Allmende wird auch dadurch geschont, weil Radfahrer weniger Platz beanspruchen als Autofahrer. Während der Ausbau des öffentlichen Verkehrs umfangreiche Investitionen erfordert und auch höhere Betriebskosten verursacht, ist der Ausbau der Radverkehrsinfrastruktur vergleichsweise preiswert: Für die Förderung des umweltfreundlichen Radverkehrs sind die Investitionskosten und ebenso die Unterhaltungskosten deutlich geringer (Klein, 1999).

Bezogen auf das Einflussschema für umweltbezogenes Verhalten (Abb. 1.4) heißt das, dass Verhaltensangebote wie ein gut ausgebautes Radwegenetz und darüber hinaus ein verlässlicher, gut erreichbarer öffentlicher Verkehr sowie Handlungsanreize wie ein schnittiges Fahrrad (Abb. 2.5) und preiswerte Tickets im öffentlichen Verkehr zur Förderung einer umweltgerechten Mobilität beitragen können.

Die wahrgenommenen Verhaltenskonsequenzen müssen positiv sein, um ein Verhalten zu bekräftigen, sodass es beibehalten wird. Positive Konsequenzen sind geringere Kosten, Komfort, vermehrte Fitness, die Lust an der Bewegung, Selbstbestimmtheit und Selbstwirksamkeit. Das Radfahren hat all diese positiven Folgen indessen nur dann, wenn es dazu die passenden Verhaltensangebote gibt.

Motivation und Volition

Motive gelten als Motor des Handelns. Je nachdem, ob sie im Menschen selbst verankert sind oder von außen gesetzt sind, wird zwischen intrinsischer und extrinsischer Motivation unterschieden. Wie umweltgerecht sich ein Mensch verhält, hängt auch von seinen Motiven ab. Wem die Motivation fehlt, etwas Bestimmtes zu machen, wird es nicht aus freien Stücken tun; er wird nicht begeistert sein, sich anzustrengen, um etwas zustande zu bringen, was andere ihm auferlegt haben, er selbst aber gar nicht anstrebt. Die motivationale Verhaltenssteuerung und die Bereitschaft etwas zu leisten, entwickelt sich wie auch die motorische, kognitive, soziale und emotionale Entwicklung in der Kindheit. Als leistungsmotiviertes Verhalten wird bezeichnet, wenn an das eigene Handeln ein Gütestandard angelegt wird, der das eigene Können bewertet (Brunstein & Heckhausen, 2018). Ein solches Verhalten ist bereits ab dem Alter von etwa 3

Abb. 2.5   Unterwegs mit dem Bike (Foto Judith Flade)

1/2 Jahren zu beobachten, wenn Kinder miteinander wetteifern. Das Kind ist je nach dem Ergebnis stolz oder beschämt, was zum Ausdruck bringt, dass es in der Lage ist, sein eigenes Können zu bewerten. Erfolgsmotivierte wollen ihr Können vervollkommnen; sie setzen sich Ziele, die sie erreichen wollen. Sie sehen einen Zusammenhang zwischen Leistung und eigener Anstrengung und Ausdauer.

Misserfolgsmotivation wird dagegen bekräftigt, indem die Bedrohung des Selbstwerts durch defensives und ein selbst behinderndes Verhalten verringert wird. Typisch für Misserfolgsmotivierte sind ebenfalls unrealistische Zielsetzungen, doch man entgeht einer negativen, dem Selbstwert untergrabenden Erfahrung, indem man gar nicht erst beginnt (Brunstein & Heckhausen, 2018).

Die willentliche selbstgesteuerte Planung und Umsetzung von Zielsetzungen wird als Volition bezeichnet. Zur Veranschaulichung: Man muss sich „aufraffen", um etwas zu machen, was vielleicht gar nicht lustvoll ist und schwerfällt, wenn es ringsum etliches gibt, was ablenkt und attraktiver ist, und was sich erst in Zukunft vielleicht als lohnend erweisen wird. Es bedarf einer „Energetisierung", die man selbst aufbringen muss (Achtziger & Gollwitzer, 2018; Heckhausen & Heckhausen, 2018). Wer sich für Fragen des Umweltschutzes und der Nachhaltigkeit interessiert, weil er in einer Naturschutz-Organisation oder als Vogelwart auf einer Nordseeinsel tätig ist, benötigt keine solche Energetisierung von außen, er ist intrinsisch motiviert.

Neben dem Einflussschema für umweltbezogenes Verhalten (Abb. 1.4), dem Grundmodell, auf das immer wieder Bezug genommen wird, sei hier ergänzend das „Rubikon-Modell", das den motivationalen Prozess zwischen Zielsetzung, Zielverfolgung und Zielerreichung beschreibt, vorgestellt. Die Bezeichnung rührt von dem Fluss Rubikon her, den Julius Caesar mitsamt seinem bewaffneten Heer überschritt. Damit hatte er der Aufforderung des Senats zuwidergehandelt, der ihm befohlen hatte, sein Heer zu entlassen und seine Befehlsgewalt über Gallien und Illyrien niederzulegen. Caesar missachtete diesen Befehl und ging mit der Überquerung des Rubikon ein Risiko ein, denn dieser Schritt war gleichbedeutend mit einer Kriegserklärung an den Senat. Die (fiktiven) Überlegungen Caesars lassen sich in vier Phasen unterteilen:

- dem Abwägen zwischen alternativen Zielen und dem Festlegen des Ziels, das man erreichen will: Handelt man so, wie es der Senat will, oder widersetzt man sich seiner Aufforderung?
- den Überlegungen und dem Planen, wie man zum Ziel gelangen kann: Setzt man das gesamte Heer in Gang oder rückt man erst einmal mit einer kleinen Truppe an?
- dem Handeln bzw. der Umsetzung der Planung: Der Termin zum Aufbruch wird bestimmt, die Route nach Rom festgelegt.
- einer Bewertung dessen, was man erreicht hat: Der in Rom mit seinem stattlichen Heer angekommene Caesar stellt fest, dass er richtig gehandelt hat.

Planen und Handeln gelten als *volitionale* Phasen, Abwägen und Bewerten als *motivationale* Phasen. Zu hoch angesetzte Ziele brauchen ein hohes Ausmaß an Volition, sodass sie nicht selten über kurz oder lang wieder verworfen werden.

Mit diesem Modell lässt sich beschreiben, wie sich infolge einer Senatsentscheidung die Situation für Caesar ändert, die er nicht einfach auf sich beruhen lassen kann. Während es sich hier um einen historischen Moment handelt, gibt es viele alltägliche Vorkommnisse, die mit dem Rubikon-Modell analysiert und beschrieben werden können. Zum Beispiel: Soll ich auf meinem Dach Solarpaneelen anbringen, was im Moment aus steuerlichen Gründen günstig wäre? Ja, ich werde das machen. Welche Firma beauftrage ich? Ein Vertrag wird unterschrieben, die Arbeiten beginnen. Nach einem halben Jahr stellt man fest, dass die Investitionskosten zwar hoch gewesen sind, dass die Stromrechnung jedoch sehr viel niedriger ist, sodass sich die Investition längerfristig auf jeden Fall lohnen wird.

Präzise Zielvorgaben sind motivierender als ein allgemein gehaltenes „Tu-dein-Bestes", was Brandstädter und Henneke (2018) in einer Studie festgestellt haben, in der untersucht wurde, welche Zielvorgaben Holzarbeiter zu besseren Leistungen motivieren können. Deren Aufgabe es war, Lastwagen mit Baumstämmen zum Abtransport zu beladen. Mit der Aufforderung, ihr Bestes zu geben, wurde nur eine durchschnittliche Auslastung von 60 % des zulässigen Ladegewichts erreicht. Mit der präzisen Zielvorgabe, eine Auslastung von 94 % zuwege zu bringen, steigerten sie die Auslastung schließlich auf durchschnittlich 90 %. Begleitet wurde diese Leistungssteigerung von einem gestärkten Selbstwertgefühl: Man hat etwas zuwege gebracht und hat es geschafft, ein hochgestecktes Ziel zu erreichen. Das Ergebnis besagt, dass es ratsam ist, statt eines „streng dich an und handle umweltgerecht" spezifischer und herausfordernder zu formulieren, z. B. statt eines ungenauen „spare Energie" zu präzisieren: Mache das Licht aus, wenn du den Raum verlässt; lasse die Heizung nicht laufen, wenn du nicht da bist.

Caesar handelte zielorientiert. Doch er befand sich in einer günstigen Situation: Er verfügte über ein bewaffnetes Heer. Bei einer weniger klaren und nicht ganz so günstigen Ausgangslage wäre es für ihn nicht so leicht gewesen, sich gegen den Senat zu stellen. Wenn ein Ziel hoch erwünscht ist und als erreichbar erscheint, fällt die Entscheidung relativ leicht. „Successful goal striving is facilitated when the chosen goals are highly desirable and perceived as feasible" (Gollwitzer & Crosby, 2018, S. 335).

Das Ziel muss attraktiv sein. Dessen Attraktivität lässt sich dadurch steigern, dass die Alternativen als unattraktiv beschrieben werden.

Das Rubikon-Modell beschreibt den Ablauf: Es wird abgewogen und ent-
schieden, geplant und gehandelt und schließlich bewertet, ob man es richtig
gemacht hat. Bezogen auf die Frage, wie man zu einem umweltgerechten Verhalten motivieren kann, heißt das, dass man eine Situation schaffen muss, in
der ein „Weiter so wie bisher" nicht mehr möglich oder auch erkennbar nachteilig ist. Zum Beispiel ist das Auto kaputtgegangen, stellt sich die Frage, ob
sich eine Reparatur überhaupt noch lohnt. Soll man sich ein neues Auto anschaffen, braucht man es überhaupt noch? Oder kauft man sich das Deutschlandticket,
mit dem man in ganz Deutschland beliebig oft mit Regionalzügen und Bussen
unterwegs sein kann? Man besorgt sich das Ticket nicht in erster Linie, um die
Umwelt zu schonen, sondern weil man sich davon einen monetären und zeitli-
chen Gewinn, vermehrten Komfort (z. B., weil ein umständlicher Fahrkartenkauf
entfällt) und noch mehr Bewegungsfreiheit verspricht, denn jetzt muss man nicht
mehr lange überlegen, ob man eine Fahrt machen soll, denn sie ist ja schon
bezahlt.[14] Diese Beispiele zur ersten Phase im Rubikon-Modell: Soll ich etwas so
machen, führen vor Augen, dass es viele Motive zugleich sein können, die einen
Menschen in einer bestimmten Weise handeln lassen und nicht allein das Motiv,
die Umwelt zu schonen. Handlungsanreize sind ein wichtiger Einflussfaktor, der
zum Auslöser wird und dazu motiviert, es einmal anders als bisher zu machen,
d. h. auch Verhaltensroutinen (Abb. 1.4) zu unterbrechen und über Alternativen
nachzudenken. Es sind also nicht nur Blockaden, die ein bisheriges automatisch
ablaufendes Verhaltensmuster verhindern, sondern auch attraktive Handlungsanreize und Verhaltensangebote, die dazu motivieren, es einmal anders als bislang
zu machen.

Naturerfahrungen

Das Erleben der Natur ist weit mehr als ein augenblickliches Genießen einer
schönen Landschaft, es sind prägende Erfahrungen. Die Vermittlung theoretischen
Wissens über die Umwelt ist zwar unverzichtbar, allein jedoch nicht ausreichend,
um eine solche Prägung zu erreichen. Dazu bedarf es direkter, über alle Sinne

---

[14] Das Deutschlandticket ist auf den ersten Blick ein Erfolg. Inzwischen gibt es mehr als
11 Mio. Abonnenten. Doch mit Blick auf das Ziel einer nachhaltigen Mobilität ist das
Deutschlandticket gar nicht so nachhaltig, wie man erwartet hatte. So ist statt der gewünsch-
ten Verlagerung von der Straße auf die Schiene ein verstärkter Freizeitverkehr vor allem an
den Wochenenden festzustellen. Hinzukommen Einnahmeverluste der Verkehrsunternehmen
und erforderliche Subventionen in Milliardenhöhe, vgl. FAZ-Artikel vom 26.4.24: Kleiner
Preis – große Probleme.

übermittelter Erfahrungen. Die Natur bliebe eine unbekannte Welt, wenn man sie nicht erleben würde. Besonders prägend sind Naturerfahrungen in der Kindheit, der Lebensphase, in der etwas zum ersten Mal erlebt wird (Rossmann, 2004). Dass Naturerfahrungen in dieser Lebensphase für die Herausbildung von umweltbezogenen Einstellungen und Verhaltensweisen besonders wirkungsvoll sind, wurde in etlichen Untersuchungen bestätigt, wobei anzumerken ist, dass der weitaus größte Teil dieser Forschungsprojekte retrospektiv gewesen ist, was nicht verwundert, denn im Unterschied zu einer einmaligen Befragung sind Längsschnittuntersuchungen sehr aufwendig. Man begnügt sich mit der Befragung Erwachsener, die über ihre *erinnerten* vergangenen Erfahrungen berichten. Einige Untersuchungen seien hier beispielhaft angeführt.

Palmer und Suggate (1996) haben Angestellte der National Environmental Education Association in Großbritannien nach den Gründen gefragt, die sie zu ihrer Tätigkeit in der Umwelterziehung veranlasst haben, wobei sie auch in ihre Kindheit zurückblicken sollten. Das in Tab. 2.2 dargestellte zusammengefasste Ergebnis, das auf 233 beantworteten Fragebögen beruht, lässt erkennen, dass die Befragten die Erfahrungen mit der natürlichen Umwelt in der Kindheit als einen bedeutenden Faktor für die Entwicklung ihrer Pro-Natur-Haltung gesehen haben. Wichtig war darüber hinaus der Einfluss der Familie und der Bücher, die man gelesen hat, gewesen. Später waren es dann Fortbildungskurse und berufliche Erfahrungen, die ihr „Pro-Environmental"-Verhalten bekräftigt haben.

Um zu betonen, dass in der Kindheit gemachte Erfahrungen mit der Natur im Gedächtnis bleiben, haben Ward Thomson et al. (2008) von einem „Kindheitsfaktor" gesprochen. In ihrer in Schottland und in den östlichen Midlands in England durchgeführten Untersuchung fragten sie die dort ansässigen Bewohner nach der Besuchshäufigkeit verschiedener Naturgebiete. Festgestellt wurde ein signifikanter Zusammenhang zwischen der Häufigkeit des Besuchs und der (erinnerten)

Tab. 2.2 Einflussfaktoren für die Entstehung von Pro-Natur-Einstellungen (Palmer & Suggate, 1996, S. 113)

Einflussfaktor	Häufigkeit	In % der Befragten
Erfahrungen mit der Natur in der Kindheit	128	55
Kurse in Umwelterziehung	109	47
Berufliche Erfahrungen	108	46
Einfluss der Familie	84	36
Bücher (z. B. Der stumme Frühling)	57	24

Häufigkeit des Aufenthalts in Naturgebieten wie Wäldern, Naturreservaten und Parks im Kindesalter.

Asah et al. (2018) haben von einer „Natur-Akkulturation" gesprochen. In ihrer Untersuchung haben sie Mitarbeiter des United State Department of Agriculture Forest Service der Northern Research Station über ihre erinnerten Naturerfahrungen in der Kindheit berichten lassen. Auch hier erwiesen sich die eigenständig gemachten direkten Erfahrungen mit der Natur als stärkster Einflussfaktor für die Herausbildung einer Pro-Natur-Haltung (Abb. 2.6). Schulischer naturkundlicher Unterricht hat in der Erinnerung dagegen einen weitaus geringeren Einfluss gehabt.

Direkte Naturerfahrungen haben noch einen weiteren positiven Effekt, wie Asah et al. herausgefunden haben. Sie tragen zur Entwicklung eines „ökologischen Bürgersinns" („environmental citizenship") bei. Naturerfahrungen sind gemeinschaftsstiftend: „Environmental citizenship could be viewed as various actions that people take in favor of environmental conservation, mostly in the public sphere" (S. 809).

Schemel und seinem Team kommt das Verdienst zu, den „Kindheitsfaktor" in stadtplanerische Maßnahmen umgesetzt zu haben. Sie gingen von der Überlegung

Abb. 2.6 Direkte Naturerfahrung (Eigenes Foto)

aus, dass Wald- und Naturkindergärten sowie städtische Naturerfahrungsräume die Erfahrungsbildung sowie die Herausbildung von Naturverbundenheit unterstützen. Sie kritisierten, dass über Jahrzehnte hinweg die Natur aus den Städten hinaus geplant wurde. „Naturnahe Bereiche in ihrer Vielfalt an Wildpflanzen, Käfern, Bienen, Schmetterlingen und anderen Tieren, wie sie etwa auf älteren Brachflächen, in Stadtwäldern und Baulücken zu finden waren, mussten Wohnhäusern, Gewerbebauten und Verkehrswegen weichen. Kindern ist in der Stadt auf diese Weise die Möglichkeit genommen worden, in ihrem Wohnumfeld Natur zu erleben" (Schemel, 2018, S. 208).

Die Herstellung städtischer Naturerfahrungsräume passt zum Ziel Nr. 11, Städte sollen nachhaltig gestaltet werden, was auch beinhaltet, dass es darin Natur gibt. „Bis 2030 den allgemeinen Zugang zu sicheren, inklusiven und zugänglichen Grünflächen und öffentlichen Räumen gewährleisten, insbesondere für Frauen und Kinder, ältere Menschen und Menschen mit Behinderungen" (RENN.nord, 2019). Kinder werden hier unter anderem als eine Personengruppe genannt, es wird jedoch nichts gesagt über die Relevanz der Naturerfahrungen in den frühen Lebensjahren. Lediglich von „Grünflächen" ist die Rede, die mit den von Schemel konzipierten städtischen Naturerfahrungsräumen kaum Ähnlichkeit haben dürften (Abb. 2.7).

Schemel hat mit seiner „Mitstreitern" in mehreren Städten Naturerfahrungsräume realisiert.[15] Wie sich zeigte, erfreuen sich diese Räume großer Beliebtheit (Reidl et al., 2005; Schemel, 2018). Naturerfahrungsräume sind ein Verhaltensangebot und zugleich auch ein Anreiz, solche andersartigen und deshalb auch interessanten Orte aufzusuchen. Sie sind indessen mehr als nur Abwechslung bietende Orte, denn sie speisen den „Kindheitsfaktor" und sind damit eine Basis für die Herausbildung einer stabilen Mensch-Natur-Beziehung.

Naturerfahrungen sollten auch an alltäglicheren Orten ermöglicht werden. Zu diesen alltäglichen Orten sind vor allem Schulen zu rechnen. Walden (2015) hat dazu unter der Überschrift „Design of outside areas, schoolgrounds" konkrete Vorschläge unterbreitet. Bäume, Hecken, diverse Pflanzen, Blumen, Rankengewächse, Wiesen, Teiche und Schulgärten ermöglichen Naturerfahrungen im Schulalltag. Das Schulgelände wird auf diese Weise zu einem Raum, der über eine lange Zeit hinweg unmittelbare Naturerfahrungen bietet.

---

[15] www.naturerfahrungsraum.de, abgerufen am 23.5.2024.

Abb. 2.7 Naturerfahrungsraum (Foto von Hans-Joachim Schemel, mit freundlicher Genehmigung)

Naturverbundenheit

Schon allein wegen seiner biologischen Beschaffenheit ist der Mensch mit der Natur untrennbar verbunden. Materielle und energetische Austauschprozesse binden ihn an die Umwelt (Brand, 2014), sodass es schon allein deshalb keinen Zweifel geben kann, dass eine Beschädigung der Umwelt ihn selbst schädigt. Er wäre der Leidtragende. Der Mensch fühlt sich mit etwas verbunden, das viel größer ist als er selbst und das auch ohne ihn existieren würde – wenn auch infolge seiner Eingriffe in veränderter Form. Die Wuchskraft der Natur ist gewaltig (Abb. 2.8), was den Menschen jedoch auch sorglos werden lässt. Was auch immer er mit ihr anstellt; die Natur wird es schon verkraften.

Eine Frage ist indessen, inwieweit die *psychische* Naturverbundenheit – eine emotionale Beziehung zwischen dem Menschen und seiner natürlichen Umwelt – dazu führt, dass ein Mensch nachhaltig handelt. Ergebnisse der empirischen Forschung sprechen dafür. Es werden verschiedene Begriffe verwendet, um

Abb. 2.8 Die große Natur
(Illustration Niels Flade)

die psychische Verbundenheit des Menschen mit der natürlichen Umwelt zu
bezeichnen, darunter:

- „connectedness with/to nature",
- „nature relatedness",
- „environmental identity".

Connectedness to nature wird definiert als Gefühl, mit der Natur eng verbunden
zu sein (Schultz et al., 2004). *Nature relatedness* umfasst die Identifizierung mit
der Natur, Vorstellungen und Einstellungen zur Natur und das Interesse an der
Natur, über die man mehr wissen möchte (Nisbet et al., 2009). Das Konzept der
environmental identity reicht in die Persönlichkeit hinein. Die Umweltidentität ist
neben der sozialen, nationalen, kulturellen und örtlich-räumlichen Identität eine
Substruktur der Ich-Identität. Alle diese Teil-Identitäten machen zusammen die
Ich-Identität aus (Fuhrer, 2008), die sich im Übrigen auf eine einfache Weise
aus den Antworten auf die Frage: Wer bin ich, erschließen lässt. In dem Maße,
in dem sich der Mensch mit der natürlichen Umwelt identifiziert, wird diese zu

einem Teil von ihm selbst. Eine Schädigung der Natur würde er als einen ihm selbst zugefügten Schaden erleben. Dieser geht ihn direkt an.

Auf eine Identifizierung mit der Natur lässt die Zustimmung zu der Aussage schließen: „Die Natur und mein Verhältnis zur Natur ist ein wichtiger Teil von mir selbst" (Clayton, 2003).

Die gefühlsmäßige Verbundenheit mit der Natur kann auch ein momentaner Zustand sein. Ein solches augenblickliches Gefühl, das man etwa bei einem Sonnenaufgang im Gebirge oder einem Sonnenuntergang am Meer erlebt, lässt noch nicht unbedingt auf eine dauerhafte Naturverbundenheit schließen. Eine tiefe gefühlsmäßige Verbundenheit etwa mit einer Meereslandschaft, nach der man sich geradezu sehnt (Abb. 2.9), ist dagegen mehr als ein vorübergehender Zustand, sie ist in der Person tief verankert.

Die rege Forschungstätigkeit zum Thema „Naturverbundenheit" bringt zum Ausdruck, dass man auch jenseits der Zielsetzung einer nachhaltigen Entwicklung um die Bedeutung der Mensch-Natur-Beziehung weiß. Neben einzelnen Untersuchungen gibt es längst auch zusammenfassende Metastudien zur Naturverbundenheit. So haben Tiscareno-Osorno et al. (2023) insgesamt 35 in den Jahren zwischen 2000 und 2021 durchgeführte Studien, die sich mit der „nature connectedness" und deren Messung befasst haben, ausgewertet. Sie fanden dabei heraus, dass bestimmte Länder, darunter vor allem die Entwicklungsländer in den Untersuchungen unterrepräsentiert sind und dass man sich zu wenig mit

Abb. 2.9 „Seesüchte" (Kalenderblatt, mit freundlicher Genehmigung von Rainer Ehrt, www.rainerehrt.de)

der Naturverbundenheit von Kindern befasst hat. Es würde mit anderen Worten an einer kultur- und Altersgruppen übergreifenden Forschung fehlen. Weil nicht davon auszugehen ist, dass der Natur in allen Regionen der Erde ein und dieselbe Bedeutung beigemessen wird, bräuchte man eine nach Regionen differenzierende Forschung. Mit einem universelleren Konstrukt und Kultur unabhängigen Messverfahren ließe sich nach Tiscareno-Osorno et al. ein differenziertes Bild gewinnen.

Es gibt vergleichsweise wenig Studien über die Naturverbundenheit von Kindern, obwohl es seit dem von Ward-Thompson et al. (2008) entdeckten „Kindheitsfaktor" keinen Zweifel gibt, wie wichtig Naturerfahrungen in der Kindheit sind. Cheng und Monroe (2012) haben diese Lücke ein wenig gefüllt, indem sie die Naturverbundenheit einer großen Stichprobe von über tausend 8- bis 10-jährigen Kindern in Schulen in Florida untersucht haben. Die Naturverbundenheit von Kindern kommt darin zum Ausdruck, dass sie Freude an der Natur haben, dass sie sich über eine Wiese mit blühenden Blumen freuen, dass sie Empathie mit anderen Lebewesen empfinden und es schlimm finden, wenn Tiere schlecht behandelt werden. Wie Cheng und Monroe herausgefunden haben, korreliert die Naturverbundenheit von Kindern hochsignifikant mit der Wertschätzung der Natur in der Familie, ihren Erfahrungen mit der natürlichen Umwelt und ihrem Wissen über die Natur. Die Forscher haben so wieder einmal bestätigt, wie entscheidend der familiäre Einfluss und die unmittelbaren Naturerfahrungen sind, damit sich eine Naturverbundenheit bei Kindern entwickelt (Abb. 2.10). Förderlich ist eine Wohnumgebung, die Naturerfahrungen nicht nur am Wochenende oder in Ferienzeiten, sondern im Alltagsleben ermöglicht. Erinnert sei hier an die von Schemel und Mitarbeitern propagierten Naturerfahrungsräume in der Stadt.

Was macht die Natur so attraktiv, dass man sich gefühlsmäßig zu ihr hingezogen fühlt, dass man sich für die Schaffung von Naturerfahrungsräumen in Städten einsetzt oder dass im Oder-Delta wieder eine Wildnis entsteht (Dunn-Capper et al., 2024)? Es sind mehrere Gründe: Eine schöne Landschaft ist anregend, sie befriedigt die ästhetischen Bedürfnisse, man genießt den Anblick der weiten Landschaft; man kann sich in der Natur als einem „restorative environment" (Hartig et al., 2014) erholen; man kann sich dort anders als in den dicht bebauten großen Städten frei bewegen und weniger alltäglichen Tätigkeiten nachgehen. Bezogen auf das Einflussschema für umweltbezogenes Verhalten (Abb. 1.4) stellt die Natur somit einen umfassenden Handlungsfreiraum dar.

Das Verlangen nach Natur, darunter auch nach einer vom Menschen unberührten Wildnis bringt zum Ausdruck, dass man noch um diese Natur weiß. Sie wird geschätzt, weil sie ein Anderswo ermöglicht und neuartige, nicht alltägliche Erfahrungen bietet (Kaplan, 1995; Flade, 2018). Das hat auch den Tourismus

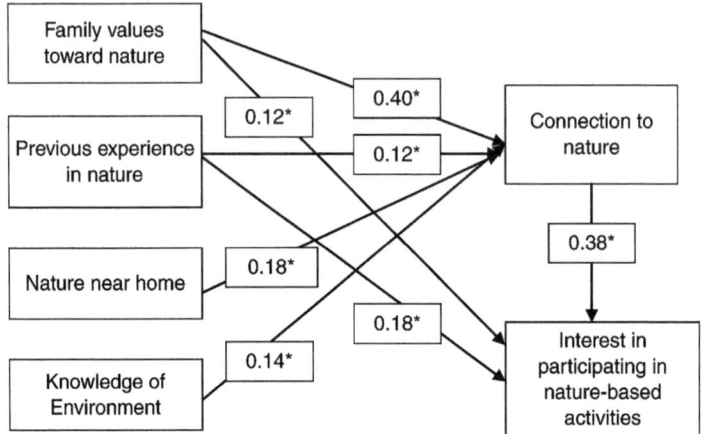

Abb. 2.10 Einflussfaktoren der Naturverbundenheit und des Interesses von Kindern an umweltbezogenen Aktivitäten (Cheng & Monroe, 2012, S. 43, *p < 0,05)

beflügelt. Das Verlangen nach einer unverbauten Umwelt und nach Weite verursacht jedoch neue Umweltprobleme, wenn es nicht nur einige wenige, sondern viele Menschen sind, die in die Berge oder an die Küsten reisen. Hier sei an das Konzept der „Tragekapazität" erinnert (Mohr, 1996; Renn, 1996). Der Tourismus ist ohne Zweifel längst ein bedeutender Wirtschaftszweig, doch dessen ökologischen Kosten sind hoch (Kagelmann & Keul, 2005).

Der überwiegende Teil der Menschen lebt heute in städtischen Umwelten. Die Natur gerät aus dem Blick. Da laut Prognose das Bevölkerungswachstum vor allem in den großen Städten stattfinden wird, rückt für immer mehr Menschen die Natur weiter weg. Eine Naturverbundenheit wird sich so kaum mehr entwickeln können. Wenn es bei Zelinski und Nisbet (2014) heißt: „People who feel connected to nature want to protect it" (S. 4), dann wird bei abhanden gekommener Naturverbundenheit auch das Interesse, sich für den Erhalt der Natur und Belange der Nachhaltigkeit einzusetzen, dahinschwinden. Ein „ökologischer Bürgersinn" kann sich dann nicht entwickeln (Asah et al., 2018). Es geht also um weitaus mehr als nur um eine Naturschwärmerei oder eine „Naturverhimmelung" (Hermand, 1991), sondern um eine Verhinderung der fatalen Auswirkungen, wenn im Lebensraum der Menschen die natürliche Umwelt abhandenkommt.

Zelinski et al. (2015) haben untersucht, inwieweit sich durch eine Sensibilisierung für Naturbelange erreichen lässt, dass zumindest eine momentane

Naturverbundenheit entsteht. Einer Gruppe von Versuchsteilnehmern wurde der Film „Planet Erde", einer anderen Gruppe ein Architekturfilm vorgeführt. Anschließend wurden alle Versuchsteilnehmer mit einer auf den Fischfang bezogenen Allmende-Klemme konfrontiert. Zwischen den simulierten 15 Fangfahrten blieb der Fischbestand dann konstant, wenn nicht zu viel gefischt wurde. Wurden zu viele Fische gefangen, war der Fischbestand gefährdet. Diejenigen, die „Planet Erde" gesehen hatten, fischten weniger, auch wenn ihr Profit anfangs geringer war. Das Ergebnis zeigt, dass sich Defizite an direkten Erfahrungen mit der Natur zumindest zum Teil durch „Ersatzangebote" kompensieren lassen. Sogar eine im Film erlebte Natur kann ein Anstoß sein, weniger verschwenderisch mit den Ressourcen der Umwelt umzugehen.

Naturverbundenheit bereichert auch den Menschen selbst. Der naturverbundene ist Mensch kreativer, er nimmt die Umwelt intensiver und bewusster wahr und ist insgesamt positiver gestimmt als derjenige, dem dieses emotionale Band fehlt (Zelenski & Nisbet, 2014). Wie Leong et al. (2014) herausgefunden haben, korreliert die Naturverbundenheit bei Jugendlichen mit der Kreativität ihres Handelns und der Offenheit für neue Erfahrungen. Naturverbundene Jugendliche sind „always full of ideas" verglichen mit denen, die es nicht sind.

Unterscheiden lässt sich zwischen einer emotionalen und kognitiven Naturverbundenheit sowie zwischen einer zweckorientierten, instrumentellen und einer zweckfreien, spirituellen Naturbeziehung. Kognitive Naturverbundenheit zeichnet den Naturwissenschaftler aus, der ein ausgeprägtes Interesse an den Naturerscheinungen und Gesetzmäßigkeiten hat. Er ist Wissenschaftler, der nach Erkenntnissen strebt, ohne dass er deshalb gefühlsmäßig involviert sein muss. So möchte der Astrophysiker die Dunkle Materie erforschen, er muss deshalb den Kosmos nicht lieben. Als Wissenschaftler kann er Gefährdungen präzise analysieren und die Notwendigkeit einer nachhaltigen Entwicklung begründen, wie es schon vor einigen Jahrzehnten die Forscher gemacht haben, die den Bericht „Die Grenzen des Wachstums" (Meadows et al., 1973) verfasst haben.

Stokols (1990) hat die zweckorientierte instrumentelle und die zweckfreie spirituelle Beziehung zur Natur beschrieben:

- Die instrumentelle Perspektive: Die Natur birgt Ressourcen, die man nutzen kann. Bäume sind Lieferanten von Holz und Baumaterial, sie sind Schattenspender und ein „kosmetisches" Mittel, um eine schäbige graue Hausfassade zu verschönern; der Kauf einer Immobilie an einem Seeufer rechnet sich, weil deren Wert voraussichtlich weiter steigt.
- Die spirituelle Perspektive: Frei von irgendwelchen Nutzungsabsichten und Verwertungsinteressen schaut der Mensch auf die Landschaft, ohne diese mit

irgendwelchen ökonomischen Überlegungen oder Vorhaben in Verbindung zu bringen.[16]

Die instrumentelle Perspektive kann sich auf verschiedene Sachverhalte richten, was zutage tritt, wenn man die Aussagen von Einheimischen und Touristen miteinander vergleicht. Hunziker (1995) hat in einer Region im Engadin in der Schweiz, die brach gelegen hatte und dann wieder aufgeforstet wurde, die beiden Gruppen befragt. Die Touristen interessierte, ob die Region jetzt schön aussieht, die Einheimischen fragten sich, ob sich das Aufforsten gerechnet hat, was aus den Einnahmen aus dem Tourismus abgelesen wurde. Sie forsten den Wald wieder auf, weil sie sich viele Touristen wünschen. Der Wald dient ihrer Existenzsicherung. Sie verhalten sich nachhaltig, weil es sich für sie rechnet und von Vorteil ist. Die Touristen wollen sich in einer waldreichen Gegend erholen und in einer schönen Landschaft ihre ästhetischen Bedürfnisse befriedigen. Sie lieben den Wald nicht, weil er nachhaltig ist, sondern weil er ihnen guttut.

Die spirituelle Perspektive kommt in der Einstellung zum Ausdruck, dass die Natur nicht für den Menschen und dessen Wohl da ist, also nicht Mittel zum Zweck ist, sondern ein Wert an sich bzw. „an end in itself" (Stokols, 1990, S. 642). Es ist eine Wahrnehmung frei von Bewertungen und Verwertungsinteressen (Seel, 1991). Der Mensch sieht davon ab, ob und wie er die Natur mitsamt ihren Ressourcen gewinnbringend nutzen könnte. Die spirituelle Perspektive entspricht weitgehend der biosphärischen Haltung (Stern et al., 1993; Schultz et al., 2004; Zeiske et al., 2021): Der Mensch denkt über sich selbst hinaus, er sieht sich als Teil der Natur. Darüber hinaus engagiert er sich und wird aktiv, wenn es um Belange der Umwelt bzw. um Nachhaltigkeit geht (Anton & Lawrence, 2014).

Den Menschen, die sich mit ihrer Lebensumwelt identifizieren, liegt daran, dass diese Umwelt keinen Schaden nimmt (Frantz et al., 2005). Umgekehrt bedeutet das, dass mit einer „environmental identity", die sich auf die alltägliche Lebenswelt bezieht, umso weniger zu rechnen ist, je ortsungebundener die Menschen sind. In den hochmobilen Gesellschaften der westlichen Welt sind viele Menschen emotional nicht mit Orten verbunden. Die dank verfügbarer schneller Verkehrsmittel möglich gewordene, mitunter exzessive Mobilität, eines der Kennzeichen einer individualisierten Gesellschaft (Flade, 2020), führen zu einem Bindungsverlust, was durch eine ausgeprägte Ich-Bezogenheit, die das Interesse

---

[16] In Immanuel Kants Ausspruch beim Anblick des Nachthimmels, dem „bestirnten Himmel über mir, erfülle das Gemüt … mit immer neuer und zunehmender Bewunderung und Ehrfurcht", kommt die spirituelle Perspektive treffend zum Ausdruck.

an Belangen jenseits des eigenen Selbst schmälert, noch verstärkt wird. Die Fokussierung und Konzentration auf das eigene Ich kann so weit gehen, dass die Verbundenheit mit der Welt ringsum und damit auch mit der Natur verloren geht. Bei Frantz et al. (2005) heißt es dazu: „The modern development of the individual as the basic unit or object of attention does pose a problem for the environment" (S. 433).

Mit der Digitalisierung hat sich die Ich-Bezogenheit und damit einhergehend der Verlust der Bindung an die reale Umwelt verstärkt. Man schaut buchstäblich nicht mehr auf die Umwelt ringsum, sondern nur noch auf sein Smartphone (Abb. 2.11).

Digitale Geräte und das Internet liefern Informationen aus der ganzen Welt (Sparrow et al., 2011). Welche Informationen aus dieser Fülle entnommen werden, ist entscheidend. Der Blick auf das kleine Gerät reduziert die Aufmerksamkeit, die man der realen Umgebung entgegenbringt. Die Folge ist, dass die Beziehung zwischen dem Menschen und der ihn umgehenden realen Umwelt an Bedeutung verliert, was wiederum das Interesse und die Bereitschaft, der Umwelt zuliebe nachhaltig zu handeln, verringern wird. Die sich weiter entwickelnde

Abb. 2.11 „Cyborgs" (Eigenes Foto)

Informations- und Kommunikationstechnologie könnte so zu einem Hemmnis für eine nachhaltige Entwicklung werden.

Umweltaneignung

Der Begriff „Umweltaneignung" bezeichnet das Phänomen, dass sich der Mensch die Umwelt zunutze und zu eigen macht. Er verändert die natürliche Umwelt und schafft sich so ein für ihn passendes Habitat, indem er sie verändert und für sich passend macht. Umweltaneignung ist umweltbezogenes Verhalten, die zentrale zu erklärende Variable im Einflussschema für umweltrelevantes Verhalten (Abb. 1.4). Zu den auf die Umwelt gerichteten Handlungen, die sie verändern, kommen noch die äußerlich nicht sichtbaren Veränderungen dazu, so auch eine kognitive Aneignung der Umwelt, durch die sich der Mensch selbst verändert. Er verschafft sich durch ein mentales Abbilden der geografischen Umwelt ein kognitives Bild seiner Umwelt. Er benennt Straßen, Haltestellen und Schulen. Sobald er Straßenschilder anbringt und Wegweiser aufstellt, wird aus der kognitiven eine faktische, Spuren hinterlassende Aneignung. Umweltaneignung ist damit ein Begriff, der sehr vieles umfasst. Hinzukommen auch noch unterschiedliche Ebenen. Graumann (1996) hat zwischen der Aneignung auf einer überindividuellen anthropologischen und einer Aneignung auf der individuellen psychologischen Ebene differenziert. *Die Menschheit* macht sich die natürlichen Ressourcen zunutze und schafft sich ein Habitat in Form gebauter Umwelten. Die Ausbeutung der Natur als Rohstoffspender, die Domestikation von Tieren und die Eroberung und Unterwerfung anderer Länder und Völker, die Umwandlung natürlicher in gebaute Umwelt, die Verbauung und Versiegelung von Böden und die Begradigung von Flüssen usw. sind Umweltaneignungen auf der historisch-anthropologischen Ebene. Es ist die *Menschheit,* die sich die Umwelt zu eigen macht, indem sie die natürliche in eine kulturelle Umwelt verwandelt. Graumann hat die vielfältigen Modalitäten der anthropologischen und der psychologischen Umweltaneignung aufgelistet und beschrieben, darunter neben der Ausbeutung der Natur als Rohstoffspender auch die durch Kriege und Eroberungen bewirkten Zerstörungen. Die historisch-anthropologischen Umweltaneignung hat den Menschen nicht nur eine Zivilisation und eine technische Kultur (Heßler, 2012), sondern bekanntlich auch gravierende Umweltprobleme beschert.

Das Spektrum der psychologisch-individuellen Aneignungsmodalitäten reicht vom Erkunden der Welt, dem mentalen Abbilden der geografischen Landkarte, dem Kategorisieren und Benennen von Orten und Räumen bis hin zur Gestaltung eigener Räume. Der Mensch, der sich die Umwelt kognitiv aneignet, ändert die Umwelt nicht; er selbst verändert sich, indem er Erfahrungen macht, die seine Sicht der Welt und seine Einstellungen verändern und sein Umweltwissen vermehren.

Die faktische Umweltaneignung hinterlässt Spuren. Sie verändert die Umwelt auch für andere Menschen. Der Baum, den man sich in seinen Garten pflanzt, beeinträchtigt möglicherweise wegen des Schattens, den er wirft, den Nachbarn. Oder Stadtplaner und Architekten, deren Aufgabe ist, soviel Wohnraum wie möglich zu schaffen, lassen freie in bebaute Flächen umwandeln. Die Anwohner blicken fortan nicht mehr auf Bäume und grüne Natur, sondern auf Mauern, Häuser, Straßen und asphaltierte Plätze.

Umweltaneignung ist umweltbezogenes Verhalten, sodass sämtliche Einflussfaktoren in Betracht gezogen werden müssen, um die Ursachen einer Umwelt schädigenden Aneignung aufzuspüren. Demolierungen und Sachbeschädigungen im öffentlichen Raum lassen sich möglicherweise auf fehlende Handlungsmöglichkeiten und den Protest über diesen Mangelzustand zurückführen. Man verschafft sich dann selbst Freiräume und sei es auf illegale Weise. Oder ein unersättliches Bedürfnis nach Geltung bewirkt, dass ein mächtiger Mensch Bäume abholzen lässt, um den Palast, in dem er residiert, noch um einen Seitenflügel zu erweitern.

Die positive Konnotation von Umweltaneignung, die auf den tätigen Menschen verweist, verhindert möglicherweise nachhaltiges Verhalten. Wenn sich der Mensch allzu sehr als „Macher" versteht, für den die natürliche Umwelt als Materiallager dient, aus der er sich seine gebaute Umwelt schafft, verfehlt er das Ziel einer nachhaltigen Entwicklung.

Umweltbelastungen und Umweltstress

Die wachsende Zahl der Menschen, die in Städten leben, hat zu einer Zunahme der Belastungen für die Umwelt und so auch für die Menschen geführt. Die Stadtbewohner sind zahlreichen Stressoren aussetzt, deren Belastungspotenzial sich noch dadurch erhöht hat, dass Natur, die Stresslinderung und Stressabbau ermöglichen würden, in den Städten kaum mehr zu finden ist. Man legt weite Strecken zurück, um in das Anderswo, die Nicht-Stadt, zu gelangen, was an dem massiven Freizeitverkehr vor allem an den Wochenenden zutage tritt, der weitere Umweltbelastungen verursacht.

Das Stresserleben ist die Folge von Beeinträchtigungen durch diverse Stressoren wie Lärm, Luftverschmutzung bis hin zum Smog, baulicher Verdichtung, fehlenden Bewegungsräumen und mangelnder öffentlicher Sicherheit. Stress ist sowohl ein Zustand als auch ein Prozess (Abb. 2.12). Schönpflug (1996) hat explizit von *Umwelt*stress gesprochen, um klarzumachen, dass die Stressoren aus der Umwelt stammen. Bezogen auf das Einflussschema für umweltbezogenes Verhalten (Abb. 1.4) sind Umweltbelastungen ein Umweltmerkmal.

Stress ist ein Zustand („state"), der auftritt, wenn die Umweltbedingungen als beeinträchtigend, gefährlich, bedrohlich und überfordernd wahrgenommen werden, was sich psychisch und körperlich in vegetativen und hormonalen Reaktionen und Symptomen niederschlägt. Der Stress verstärkt sich, wenn man erkennt, dass die eigenen Handlungsmöglichkeiten nicht ausreichen, um mit den

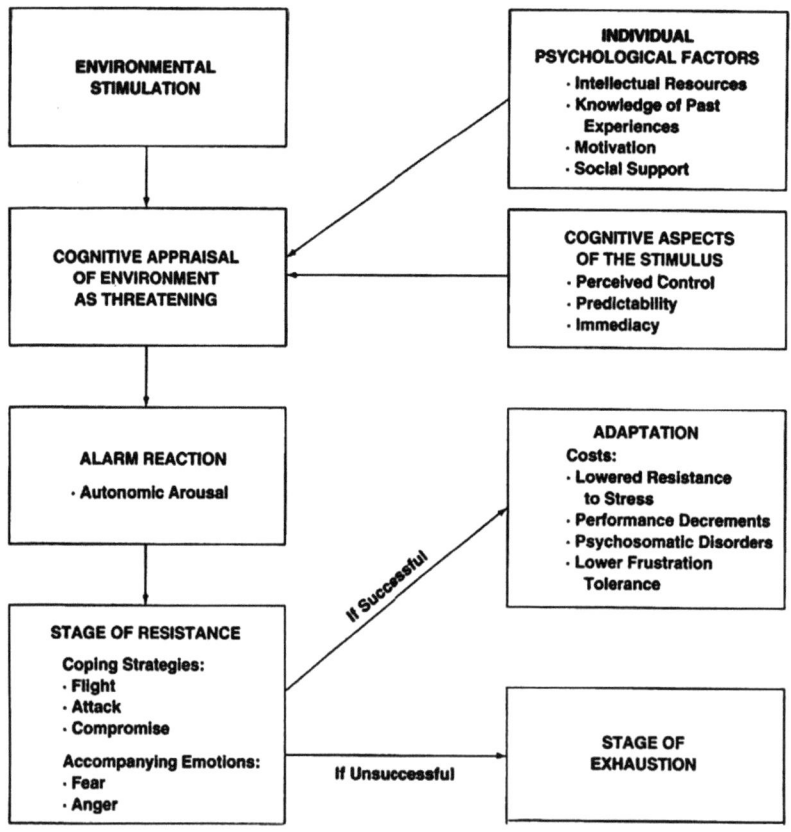

Abb. 2.12 Stressmodell (Bell et al., 2001, S. 122)

Belastungen fertig zu werden oder sich dagegen zu wappnen. Emotionale Folgen sind Ängste, das Gefühl eines Kontrollverlusts und Hilflosigkeit; kognitive Folgen sind Konzentrationsstörungen und eine verringerte Leistungsfähigkeit. Stress ist, wie aus Abb. 2.12 zu entnehmen ist, nicht nur ein Zustand, sondern auch ein Prozess, der in Gang gesetzt wird, um den aversiven Zustand zu beseitigen oder der Bedrohung zu entkommen. Eine nicht erfolgreiche oder nicht mögliche Stressbewältigung führt zur Erschöpfung. Dazu heißt es bei Bell et al. (2001): „The primary indicants of this stage are ulcers, adrenal enlargement, and shrinkage of lymph and other glands that confer resistance to disease" (S. 129). Ein Zustand, der von dem Ziel Nr. 3: Gesundheit und Wohlergehen, weit entfernt ist.

Sowohl eine unbelastete, intakte und stabile Umwelt als auch ein stressfreies Leben sind Ziele der Nachhaltigkeit.

Stressoren können biologischer, chemischer oder physikalischer Art sein (Homburg & Matthies, 1998). Sie können Vergiftungen sowie organische und funktionelle Schädigungen des Körpers hervorrufen. Hautreizungen, Heuschnupfen, Asthmaanfälle sind typische Symptome (Tab. 2.3). Vom Ziel Nr. 3: Gesundheit und Wohlergehen, ist man weit entfernt, wenn sie auftreten. Die Verschmutzung der Meere und Strände durch defekte Öltanker, durch Container-Schiffe, die einen Teil ihrer Fracht verlieren, und durch Vermüllung und Anreicherung mit Schadstoffen werden die Meere verseucht; eine große Zahl an Fischen, Meerestieren und Vögeln geht zugrunde. Zum Frachtgut, das verloren geht, ist Kunststoffgranulat zu rechnen, das den Plastikmüll in Meeren und an Küsten wesentlich vermehrt.[17] Es sind Schädigungen der Umwelt, die auch den Menschen betreffen, denn diese schädigen auch ihn.

Auch das Bagatellisieren einer Gefahr kann ein Bewältigungsversuch sein, der sich allerdings spätestens dann als unwirksam herausstellt, wenn die Gefahr nicht mehr zu leugnen ist.

Es geht nicht mehr allein um eine *individuelle* Stressbewältigung, wenn es sich um technische Unfälle, Naturkatastrophen und die Bedrohung der Lebensmöglichkeiten auf der Erde handelt; Belastungen dieser Größenordnung können nur mit gemeinsamen Anstrengungen und nur durch Mitwirkung der höheren Akteursebenen bewältigt werden. Bei der Globalität der Umweltzerstörung sind nicht mehr nur einige wenige Menschen bedroht, sondern viele Menschen bis hin zur gesamten Menschheit. Angesichts dieser Globalität ist die Auffassung einer *individuellen* ökologischen Verantwortung nur schwer zu vermitteln und zwar

---

[17] Vgl. den Artikel von Hans-Christian Rößler vom 10.1.2024, S. 7 in der FAZ: Eine Flut weißer Plastikkügelchen. Droht den Stränden im Nordwesten Spaniens eine Umweltkatastrophe? Berichtet wird von einem Frachter, der in einem Sturm Container mit Kunststoffgranulat gefüllten Säcke verloren hat.

Tab. 2.3 Die Aufnahme von Schadstoffen in unterschiedlichen Kontexten, Beispiele (Nach Homburg & Matthies, 1998, S. 87)

Kontext	Schadstoffe	Körperliche Aufnahme
Nutzung von Gegenständen	In Textilien, Kosmetika, Haushaltschemikalien	Inhalation, perkutane Resorption
Betätigungen im Freien	Ozon („Sommersmog")	Reizungen der Atemwege und Augen
Nahrungsaufnahme	Pflanzenschutzmittel, Schwermetalle	Über den Magen-Darm-Trakt
Kinderspiel im Freien	In Böden	Über den Magen-Darm-Trakt
Rauchen	Chemikalien	Inhalation

umso weniger, wenn es keine Verhaltensangebote bzw. Handlungsmöglichkeiten gibt, die ein anderes Handeln ermöglichen würden. Dieses Nichts-machen-können blockiert auch Suffizienz-Strategien. „In der Konsequenz bedeutet das, dass man sich verantwortliches Umwelthandeln nur leisten kann, wenn man über die entsprechenden Handlungsmöglichkeiten in ökonomischer, sozialer oder individueller Art verfügt" (Fuhrer & Wölfing, 1997, S. 180).

Zu den psychischen Folgen von Umweltbelastungen gehört außer der Erfahrung von Hilflosigkeit und Ausgeliefertsein der Verlust von Vertrauen in gesellschaftliche Institutionen, die offensichtlich nicht mehr in der Lage sind, mit den Umweltproblemen fertig zu werden. Man resigniert, wenn man erkennt, dass auch die oberen Akteursebenen die *globalen* Probleme wie die Verschmutzung der Meere und der Luft, eine Vergiftung von Böden mit Pestiziden, die großräumige Rodung von Wäldern und die Erderwärmung nicht zu lösen vermögen. Doch auch *lokale* Probleme sind oftmals eher ein Streitthema, als dass sich eine Lösung abzeichnet, wenn man Zielkonflikte auftreten. Ein Beispiel: In einem strukturschwachen Gebiet soll eine Fabrik gebaut werden, die vielen dort ansässigen Menschen Arbeitsmöglichkeiten verschafft. In ökonomischer und sozialer Hinsicht ist die Fabrik willkommen. Ökologisch negative Folgen wären indessen ein erhöhtes Verkehrsaufkommen, Lärm und eine Zerstörung der natürlichen Landschaft (Hellbrück & Kals, 2012, S. 114).

Im Ziel Nr. 3, „Gesundheit und Wohlergehen", wird die Gesundheit thematisiert. Doch von Umweltbelastungen und Umweltstress ist nicht die Rede, die Ursache einer mangelnden Gesundheit sein können. Man ist anders ausgerichtet. So ist ein Unterziel: „Die Gesundheitsfinanzierung und die Rekrutierung,

Aus- und Weiterbildung und Bindung von Gesundheitsfachkräften in den Entwicklungsländern und insbesondere in den am wenigsten entwickelten Ländern und den kleinen Inselentwicklungsländern deutlich erhöhen".

Hier wird nichts darüber ausgesagt, wie die Menschen durch Bildung, Handlungsanreize und vermehrte Verhaltensangebote befähigt und motiviert werden können, selbst aktiv zu werden, um gesund zu bleiben und sie zu befähigen, Stress effektiver zu bewältigen. Eher denkt man an Top-down Strategien, wie den Einsatz von Gesundheitsfachkräften.

Umweltbewusstsein und umweltbezogenes Verhalten

Die Erde wird als „blauer Planet" bezeichnet. „Blue Marble" ist ein weithin bekannt gewordenes Foto der Erde, das die Besatzung von Apollo 17 im Jahr 1972 aufgenommen hat. Die Umweltschutzbewegungen in den 1970er-Jahren haben dieses Bild aufgegriffen und auf Postern, Fahnen und T-Shirts weit verbreitet. Es wurde assoziiert mit Verletzlichkeit und Einzigartigkeit des Erdplaneten.[18] Ein Blick aus dem Dunkel des Weltalls auf den Planeten suggeriert, dass der Lebensraum Erde ein nur sehr kleiner Teil von etwas sehr Großem ist, dass andererseits dieser Teil für die Menschen, die auf dem blauen Planeten leben, kostbar und schützenswert ist. Er ist ihr Lebensraum. Der Blick von außen auf den eigenen Planeten macht all das bewusst.

Der Begriff „Umweltbewusstsein" („environmental concern") drückt aus, dass die Umwelt ein Anliegen („concern") und mehr ist als nur eine Art eines mehr oder weniger beachtenswerten Hintergrunds, sondern der eigene Lebensraum. Umweltbewusstsein wird unterschiedlich definiert. Mal enger und mal weiter gefasst und unterschiedlich benannt. So hat Hermand (1991) von einem „ökologischen Bewusstsein" gesprochen. Es ist gegeben, wenn sich der Mensch als Teil eines ökologischen Systems sieht. Im Grunde ist dieser Begriff treffender als der Begriff „Umweltbewusstsein", weil „Umwelt" auch die gebaute und kulturelle und eben nicht nur die eigentlich gemeinte *natürliche* Umwelt sein kann. Dennoch hat sich im Deutschen der Begriff Umweltbewusstsein durchgesetzt, wobei implizit das auf die *natürliche* Umwelt gerichtete Bewusstsein gemeint ist.

Manche Forscher sehen das Umweltbewusstsein als eine abstrakte Werthaltung an, andere als eine auf einen bestimmten Sachverhalt gerichtete spezifische

---

[18] https://www.startpage.com/do/dsearch?q=blue+marble&cat=web&language=deutsch, abgerufen am 21.3.24.

Einstellung (Homburg & Matthies, 1998). In allen Fällen ist Umweltbewusstsein eine umweltbezogene Einstellung und damit ein relevanter Einflussfaktor für umweltbezogenes Verhalten (Abb. 1.4).

Der Begriff „Umweltbewusstsein" wird wie auch der Begriff Einstellung enger oder weiter gefasst (Schahn, 1993; Spada, 1996). Der Rat der Sachverständigen für Umweltfragen der Bundesregierung hat 1978 Umweltbewusstsein definiert als Einsicht (Kognition) in die Gefährdung der natürlichen Lebensgrundlagen des Menschen durch diesen selbst, verbunden mit der Bereitschaft zur Abhilfe. Spada (1996) hat die unterschiedlichen Bedeutungsumfänge des Begriffs Umweltbewusstsein in einem Diagramm veranschaulicht (Abb. 2.13). Essentials des Umweltbewusstseins sind in seinem Schema das Umwelterleben und die Umweltbetroffenheit.

Die Umwelt tritt vor allem ins Bewusstsein, wenn sie negativ auffällt, z. B. wenn eine Gegend verlärmt oder die Luft mit Abgasen verunreinigt ist. Man ist betroffen. Dann kommen umweltbezogene Wertorientierungen und Verhaltensabsichten sowie Umweltwissen dazu. Die weiteste Fassung ist dann das Drei-Komponenten-Modell, das auch das Verhalten umfasst.

Das Umwelt- bzw. ökologische Bewusstsein ist mit Blick auf die erstrebte nachhaltige Entwicklung von zentraler Bedeutung. Dem Menschen, der sich seiner Umwelt nicht bewusst ist, kommt nicht in den Sinn, dass er durch sein Verhalten die Umwelt belasten könnte oder dass er etwas tun kann, um das zu verhindern. Der entscheidende Schritt ist ein sich mit der Umwelt in Beziehung

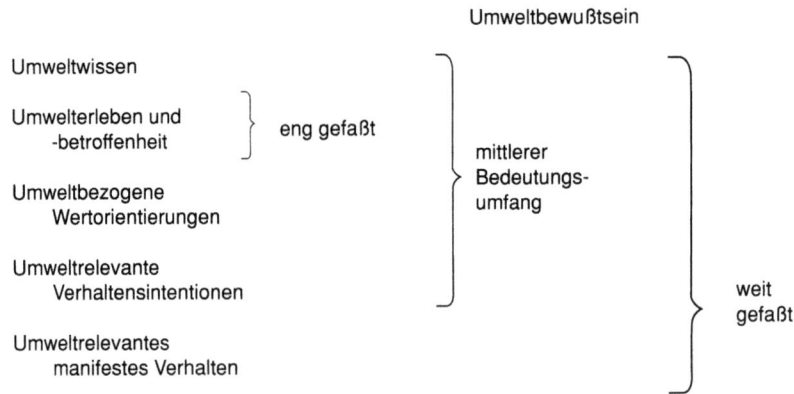

Abb. 2.13 Zum Begriff „Umweltbewusstsein" (Spada, 1996, S. 623)

setzen (Liessmann, 2017). Dies geschieht durch den Erwerb von Umweltwissen und durch Lernprozesse, des Weiteren durch Handlungsanreize, die die Aufmerksamkeit wecken und dazu motivieren, es einmal anders als bislang machen.

Wie ausgeprägt das individuelle Umweltbewusstsein ist, lässt sich messen. Die aus insgesamt 130 Items bestehende Ecology Scale von Maloney und Ward (1973), die zwei Jahre später in einer überarbeiteten Form erschien (Maloney et al., 1975), erfasst die Prädisposition, auf Objekte oder Sachverhalte kognitiv, gefühlsmäßig und verhaltensbezogen zu reagieren. Sie setzt sich aus vier Unterskalen zusammen:

- der „knowledge scale" (dem Wissen über die ökologischen Zusammenhänge),
- der „affect scale" (der gefühlsmäßigen Betroffenheit),
- der „verbal commitment scale" (dem verbal geäußerten Engagement),
- der „actual commitment scale" (dem tatsächlichen Engagement).

Das Umweltbewusstsein ist als auf die Umwelt bezogene Einstellung zweifellos ein zentraler Einflussfaktor für umweltrelevantes Verhalten. Es fragt sich deshalb, wie umweltbewusst eigentlich die Bevölkerung ist. Man verschafft sich einen Überblick, indem man repräsentative Befragungen durchführen lässt. In der 2020 vom Bundesministerium für Umwelt und Naturschutz in Auftrag gegebenen Befragung von 2115 ab 14-jährigen Personen in Deutschland sollten die Befragten auf einer Skala von 1 (= gar nicht umweltbewusst) bis 6 (= sehr umweltbewusst) mitteilen, für wie umweltbewusst sie sich halten. Insgesamt 11 % der Befragten stuften sich als sehr umweltbewusst ein. Bei den 14-bis 29-Jährigen lag dieser Anteil bei lediglich 2 %. Aus den in Abb. 2.14 dargestellten Häufigkeitsverteilungen lässt sich entnehmen, dass sich die meisten Menschen eher als umweltbewusst, aber nicht als *sehr* umweltbewusst einstufen.

Dass vor allem jüngere Menschen sich nur sehr selten als sehr umweltbewusst beschreiben, wirft die Frage auf, ob möglicherweise die schulische Umwelterziehung aufgestockt werden sollte oder mehr Gelegenheiten für direkte Naturerfahrungen geschaffen werden müssten. Wäre es nicht auch an der Zeit, Schulen mit Schulgärten auszustatten, für dessen Pflege und Erhalt die Schüler verantwortlich sind? Wie sieht es mit der Anpflanzung von Büschen und Hecken auf den Schulhöfen aus? Was könnten geeignete Handlungsanreize sein? Das Interesse an Umweltthemen ließe sich wecken, wenn diese in einer ansprechenden Form etwa als Graphic Novels geboten werden. Die Schüler könnten im Kunstunterricht selbst aktiv werden und solche Bildergeschichten produzieren.

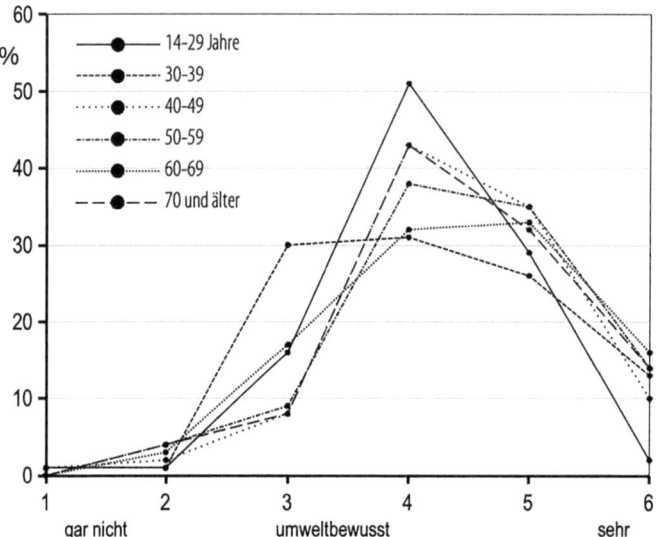

Abb. 2.14 Selbst eingeschätztes Umweltbewusstsein in der Bevölkerung. (BMUV, 2022, eigene Grafik)

Inwieweit umweltbewusst gehandelt wird, hängt immer auch von den wahrgenommenen Verhaltensangeboten bzw. Handlungsmöglichkeiten ab. Wer nicht weiß, dass es vom Bahnhof zum Nationalpark eine Buslinie gibt, auf der alle zwanzig Minuten verlässlich ein Bus fährt, der für die Strecke nicht nennenswert mehr Zeit benötigt als eine Fahrt mit dem Auto, zieht diese Möglichkeit nicht in Betracht, denn über dieses Verhaltensangebot weiß er nichts. Verhaltensangebote müssen bekannt gemacht und wahrgenommen werden.

Umweltkontrolle

Menschen sind aktive Wesen,[19] sie wollen etwas bewirken, was ihnen je nach den Umständen und ihrer Ausdauer auch mehr oder weniger gelingt. Die Überzeugung, aufgrund der eigenen Fähigkeiten und aus eigener Kraft etwas

---

[19] Hannah Ahrend sprach von einer „Vita activa". Das Buch: Vita activa oder Vom tätigen Leben, erschien erstmals 1960 bei Kohlhammer, Stuttgart.

vollbringen zu können, wird als wahrgenommene Selbstwirksamkeit („perceived self-efficacy") bezeichnet.

„Perceived self-efficacy refers to beliefs in one's capabilities to organize and execute the courses of action required to manage prospective situations. Efficacy beliefs influence how people think, feel, motivate themselves, and act" (Bandura, 1995, S. 2).

Selbstwirksamkeit ist eine psychische Ressource (Hunecke, 2022). Ohne diese wäre der Mensch den Einflüssen der Umwelt mehr oder weniger hilflos ausgesetzt. Selbstwirksamkeit schließt die Überzeugung ein, dass man in der Lage ist, etwas zu bewerkstelligen und Probleme zu lösen, d. h. auch ein „recognition of one's own ability to reduce environmental problems" (Zeiske et al., 2021, S. 1120).

Fischer und Stephan (1996) haben Umweltkontrolle definiert als ein dem Menschen innewohnendes Bestreben, Ereignisse und Zustände seiner Umwelt erklären, vorhersagen und beeinflussen zu können. Dieses Bestreben treibt den Menschen an. Es ist außer dem epistemischen Motiv, Zusammenhänge zu verstehen, und die Welt erklären zu können, auch das Bedürfnis nach Sicherheit, welches ihn motiviert und aktiviert (Oeberst & Meuer, 2024). Man fühlt sich sicherer, wenn man erklären kann, warum etwas so und nicht anders ist. Kennt man die Ursachen, weiß man eher, was zu tun ist.

Die wahrgenommene Selbstwirksamkeit korreliert mit der Haltung, dass man seines Glückes Schmied ist: „The ability to predict and control our future depends on a robust sense of self-efficacy – our beliefs or expectancies about our ability to do what we believe is necessary to control our futures by achieving desired future outcomes and preventing undesirable ones" (Maddux & Kleiman, 2018, S. 174). Wer davon überzeugt ist, die Ziele, die er sich setzt, auch erreichen zu können, ist gegenüber denen, die sich nichts zutrauen, weitaus eher in der Lage, sie auch zu erreichen.

Ein Hemmnis ist der Eindruck der Marginalität des individuellen Handelns, wenn es um globale Ziele wie die nachhaltige Entwicklung geht. Der Eindruck kann so erdrückend sein, dass man aufgibt und sich nicht weiter bemüht, es anders zu machen. Ein Beispiel: Ein Mensch, der in eine Wohnung an einer Hauptverkehrsstraße gezogen ist, wobei er zunächst froh war, überhaupt eine Wohnung gefunden zu haben, fühlt sich zunehmend in seinem Wohlbefinden beeinträchtigt. Der durch den Autoverkehr verursachte Verkehrslärm und die mit Ruß und Staub, Schwefeldioxid, Kohlenmonoxid, Kohlendioxid, Kohlenwasserstoffen und Metalloxiden geschwängerte Luft in seiner unmittelbaren Umgebung sind belastend. Er weiß, dass sein Verhalten, wenn er mit dem Fahrrad und nicht mehr mit dem Auto zur Arbeit fahren würde, in der Menge der sich anders Verhaltenden „verpuffen" würde.

Das Streben nach Wirksamkeit und damit nach direkter Kontrolle der physischen und sozialen Umwelt gehört, wie es Heckhausen und Heckhausen (2018) formuliert haben, zur motivationalen Grundausstattung der menschlichen Spezies. Kontrollverluste wiegen dementsprechend schwer. Wer keine Kontrolle hat, kann Ereignisse und Zustände seiner Umwelt nicht beeinflussen, nicht erklären und auch nicht antizipieren. In solchen Situationen fühlen sich die Menschen hilflos und ausgeliefert. Die Erfahrung von Hilflosigkeit ist das Gegenteil einer technokratischen Hybris, der Vorstellung, alles beherrschen zu können. Je komplizierter technische Systeme werden, mit denen schließlich nur noch Experten umgehen können, umso mehr Menschen werden einen Kontrollverlust erleiden. Der Glaube an Verschwörungen könnte dadurch gestärkt werden (Sassenberg et al., 2024). Man neigt eher dazu zu glauben, dass man es mit fremden Mächten, die böse Absichten haben, zu tun hat, wenn man den Eindruck hat, wehrlos zu sein und nichts dagegen setzen zu können.

Ohne Zweifel kann ein Mensch allein den Global Change, auch wenn er ihn wahrnimmt und erklären kann, nicht beeinflussen. Ihm fehlt schlichtweg die dazu erforderliche Umweltkontrolle. Er fühlt sich gegenüber der mächtigen politischen Ebene mit bürokratischem Schutzwall machtlos. Seine Kritik an der Agenda 2030 mit den siebzehn Zielsetzungen würde nicht gehört, seine Gegenargumente nicht zur Kenntnis genommen werden. Die Asymmetrie zwischen dem Einfluss des Einzelnen und den oberen Akteursebenen (Tab. 1.1) ist beträchtlich und durch die Globalisierung zweifellos noch gewachsen.

Um dennoch Einfluss nehmen zu können, schließt man sich mit anderen zusammen. Ein aktuelles Beispiel sind die Klimaaktivisten, deren gemeinsame Aktionen ins Auge fallen. Ihnen geht es nicht um die Stärkung der Widerstandskraft und die Anpassungsfähigkeit an klimabedingten Gefahren und Naturkatastrophen in allen Ländern der Erde, wie es im SD-Zielkatalog propagiert wird, sondern um effektive direkte Maßnahmen. So soll allen Menschen bewusst gemacht werden, dass die Reduktion von CO_2 in der Atmosphäre eine vorrangige Aufgabe der Politik und der heute lebenden Menschen ist. Umweltkontrolle wird hier durch ein „Gemeinsam sind wir stark" erreicht.

Umweltkontrolle lässt sich im Einflussschema für umweltbezogenes Verhalten (Abb. 1.4) der Komponente Handlungsmöglichkeiten zuordnen. Nur wer Möglichkeiten sieht, selbst aktiv zu werden, verfügt über Umweltkontrolle. Ohne eine solche wird der einzelne Mensch nicht zu einer nachhaltigen Entwicklung beitragen können.

Verantwortungsdiffusion

Einer der Gründe, warum sich Menschen nicht nachhaltig verhalten, ist der Eindruck, nicht verantwortlich zu sein (Fuhrer & Wölfing, 1997). Verantwortung beinhaltet das Gefühl der Verpflichtung (Bierhoff & Neumann, 2006). Es können *altruistische* Motive sein: Man fühlt sich verpflichtet, einem anderen Menschen zu helfen, wenn er in Not ist. Der barmherzige Samariter ist jemand, der hilft, der heilige Martin teilt seinen Mantel, damit ein anderer Mensch, der keinen Mantel hat, nicht mehr der Kälte ausgesetzt ist. Es können des Weiteren sachbezogene Motive sei: Der Ingenieur ist verantwortlich, dass die Brücke lange hält oder die Maschine reibungslos funktioniert. Er trägt die Verantwortung, wenn die Brücke zusammenbricht oder die Maschine schon nach kurzer Zeit kaputtgeht.

Dass sich Verantwortung verflüchtigen kann, bringt der Begriff „Verantwortungsdiffusion" („diffusion of responsibility") zum Ausdruck. Dieses Phänomen ist in der Debatte zur Nachhaltigkeit höchst bedeutsam, denn die Frage, wer eigentlich für die nicht nachhaltige Entwicklung verantwortlich ist, stellt sich unweigerlich. Angesichts der großen Zahl der Beteiligten fällt die Antwort schwer. In vielen sozialpsychologischen Untersuchungen hat man festgestellt, dass die Bereitschaft eines Menschen, jemandem zu helfen, sich umso mehr verringert, je mehr Menschen anwesend sind (Bierhoff & Neumann, 2006; Levine & Manning, 2014). Eine treffende Bezeichnung dafür ist „Zuschauereffekt": Man schaut (wie im Theater oder Kino) nur zu, tut aber nichts. Mit einer altruistischen Haltung ist kaum zu rechnen, denn der einzelne Mensch in einer größeren Menschenmenge wird sich fragen: Warum soll gerade ich etwas tun? Warum nicht ein anderer? In zahlreichen dazu durchgeführten Experimenten, die sich an die Untersuchung von Darley und Latané (1968) zum „bystander" Phänomen anschlossen, haben Latané und Nida (1981) in ihrem ausführlichen Review das Phänomen immer wieder bestätigt gefunden: Eine zunehmende Anzahl von Anwesenden bewirkt, dass in einer Situation, in der ein Mitmensch ganz offensichtlich Hilfe bräuchte, niemand der vielen Anwesenden eingreift. Die Verantwortung „diffundiert". Diese soziale Blockade ist ein bemerkenswert konsistentes Phänomen – so das Fazit von Latané und Nida. Eine dreißig Jahre später von Fischer et al. (2011) durchgeführte umfangreiche Metaanalyse der zwischen 1960 und 2010 durchgeführten Untersuchungen lieferte abermals eine Bestätigung: „The bystander effect becomes stronger with an increasing number of bystanders" (S. 533). Festgestellt wurde auch, dass eher geholfen wird, wenn die Situation für gefährlich gehalten wird, und dass es eher Männer sind, die eingreifen, was auf deren größere Körperkraft zurückgeführt wurde, die es in ihnen ermöglicht, potenzielle Angreifer eher zu überwältigen. Das empirisch hinreichend belegte Phänomen der

Verantwortungsdiffusion wiegt schwer, denn es zeigt, dass sich die Anwesenheit anderer unbekannter Menschen negativ auswirken kann. Die Menschen werden offensichtlich in Situationen, in denen viele Menschen anwesend sind, unsozialer. An den internationalen Konferenzen, die sich mit Fragen der Nachhaltigkeit befassen und auf denen Maßnahmen ersonnen werden, wie man eine nachhaltige Entwicklung auf den Weg bringen kann, sind sehr viele Menschen beteiligt. Die Mitwirkung dieser vielen Vertreter aus den Ländern der Welt kann eine Diffusion der Verantwortung begünstigen (Abb. 2.15).

Für wie verantwortlich wird sich der einzelne Vertreter auf dieser oberen internationalen Akteursebene halten, wenn ein Nachhaltigkeit-Zielkatalog erstellt und

Abb. 2.15 Prozessmodell
(In Anlehnung an Levine &
Manning, 2014, S. 371)

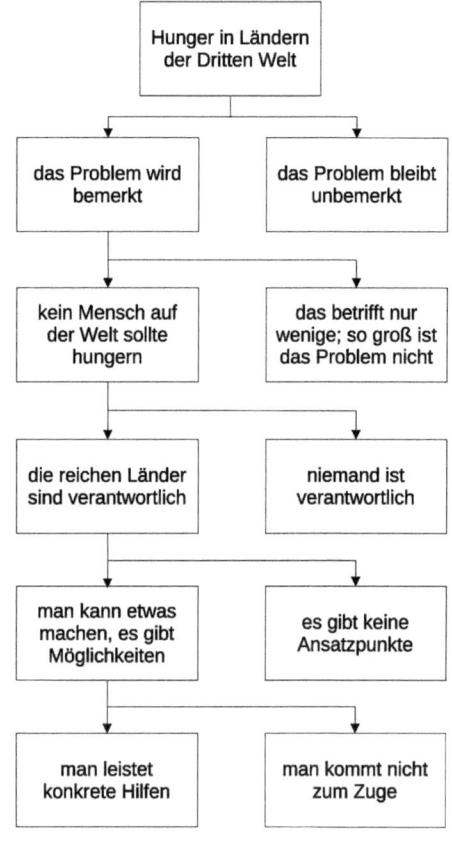

Unterziele formuliert werden? Man kann sich der Verantwortung leicht entledigen, indem man sich selbst versichert, dass die eigenen Einflussmöglichkeiten angesichts der großen Zahl der Beteiligten, die immerhin auf den oberen Akteursebenen agieren, begrenzt sind. Klar ist: „Eine Vielzahl von Akteuren bedeutet eine Verantwortlichkeitsdiffusion" (Montada, 1999, S. 76).

Das gilt nicht nur auf internationalen Konferenzen, sondern auch im alltäglichen Leben. Wenn viele Menschen mit dem Auto fahren, fühlt sich keiner von ihnen für den Verkehrslärm und die Luftverunreinigung verantwortlich. Verantwortung lässt sich in solchen anonymen Situationen leicht abschieben. Man kann sich damit rechtfertigen, dass keine Handlungsmöglichkeiten vorhanden sind oder dass die Situation gar nicht so dramatisch ist, wie immer behauptet wird, oder dass andere weitaus kompetenter und deshalb eher zuständig sind, als man es selbst ist (Lück, 1987).

Man kann die Verantwortung auch wegschieben, indem man sich die große Menge der anderen Menschen einfach vorstellt. Man empfindet sich als machtlos und ganz und gar nicht selbstwirksam, wenn man den eigenen lokalen kleinen Lebensraum mit der globalen großen Erde vergleicht (Abb. 2.16). Auch wenn Renn (1996) von einer *Illusion* der Marginalität gesprochen hat, die auf der Überzeugung beruht, dass man allein viel zu winzig und unbedeutend ist, dass man etwas bewirken könnte, so ist es letztlich doch mehr als nur eine Illusion, sondern Realität. Die wahrgenommene Asymmetrie zwischen der eigenen Winzigkeit und der großen Welt befreit von jeder Verantwortung.

Eine naheliegende Strategie, um die Tendenz einer Diffusion der Verantwortung zu abzuschwächen, ist, die Anzahl der Beteiligten in einem Setting zu verringern und damit auch die eine Verantwortungsdiffusion begünstigende Anonymität zu vermindern. So lässt sich sehr wahrscheinlich das Problem der Nachhaltigkeit kaum allein auf der weltweiten globalen Ebene mit einer sehr großen Zahl an Teilnehmern lösen – einmal abgesehen von der Verschiedenheit der Länder und deren Interessen und einer unterschiedlichen Kommunikationskompetenz (Reichenbach, 2020). Sehr wahrscheinlich ist, dass die Verantwortung in kleineren Arbeitsgruppen weniger diffundieren würde, auch wenn hier andere Effekte wie das group think und das risky shift Phänomen auftreten können (Hewstone & Martin, 2014). Wie das zu organisieren wäre, bleibt jedoch im Ziel Nr. 17: Partnerschaften zur Erreichung der Ziele, offen. Das Europäische Netzwerk sowie die Deutsche Nachhaltigkeitsstrategie,[20] sind, verglichen mit den Vereinten Nationen, in der Hierarchie der Akteursebenen (Tab. 1.1) zwar weiter

---

[20] www.deutsche-nachhaltigkeitsstrategie.de

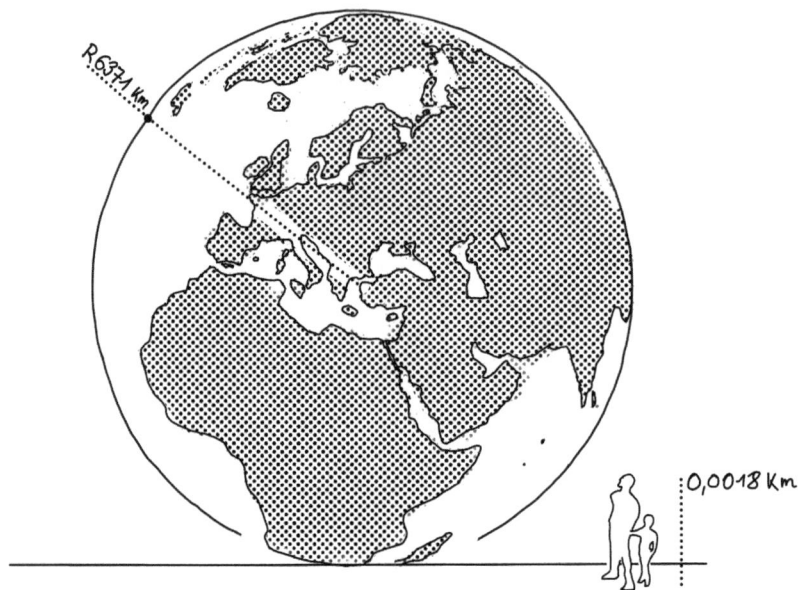

Abb. 2.16 Asymmetrie (Illustration Niels Flade)

unten angesiedelt, aber immer noch weit entfernt von der kommunalen Ebene, auf der sich die Verantwortung weniger leicht abschieben lässt.

Wie bei dem ökologisch-sozialen Dilemma der Allmende-Klemme ist die Verantwortungsdiffusion ein strukturelles Problem, das sich nicht einem einzigen Einflussfaktor zuordnen lässt. Das Grundproblem ist eine zu große Zahl der Menschen. Im einen Fall sollen sie sich eine von allen begehrte, aber begrenzte Ressource, im andern Fall Verantwortung, d. h. die Kosten teilen. Im ersten Fall geht es um Appetenz: Man möchte möglichst viel haben, im anderen um Aversion: Man möchte möglichst wenig Verantwortung übernehmen. Das Leitbild der Nachhaltigkeit bleibt eine Utopie, wenn sich die Menschen über den Mechanismus der Verantwortungsdiffusion aus der Verantwortung stehlen.

Zukunftsperspektive

Dass die Zukunftsperspektive im Zusammenhang mit der Nachhaltigkeitsdebatte von besonderer Bedeutung ist, leuchtet unmittelbar ein, denn es geht um das *Künftige* und die *künftigen* Generationen, die ihre Bedürfnisse noch genauso gut befriedigen können sollen wie die heute lebenden Menschen. Wer nicht in die Zukunft blickt, weil ihn die Vergangenheit nicht loslässt oder weil er nicht gewillt ist, über die Gegenwart hinaus zu denken, – denn man weiß ja ohnehin nicht, was einmal sein wird, – hat kaum einen Grund, sich mit dem Anliegen der nachhaltigen Entwicklung zu befassen. Ähnlich wie bei dem Konzept der Umweltaneignung, bei dem zwischen einer anthropologischen und einer psychologischen Variante zu unterscheiden ist, macht es Sinn, zwischen einer die Menschheit betreffenden anthropologischen Zukunftsperspektive und der psychologischen Zukunftsperspektive eines einzelnen Menschen zu differenzieren.

Die psychologische Zukunft existiert nur in der Vorstellung, real ist nur der gegenwärtige Moment, aus dem heraus die Zukunft prognostiziert bzw. ausgemalt wird. Die individuelle Zeitperspektive, d.h. die mentale Verknüpfung aus erinnerter Vergangenheit, dem erlebten Augenblick und der mehr oder weniger weitreichenden antizipierten Zukunft ist individuell höchst unterschiedlich (Zimbardo & Boyd 1999, Flade 2023). Ein Mensch, der sich nur die unmittelbare Zukunft vorstellt, wird nicht unbedingt auch über die aus seiner Sicht sehr ferne Zukunft, in der die nachfolgenden Generationen leben werden, nachdenken. Am wenigsten werden darüber die gegenwartsorientierten „Hedonisten" nachsinnen, für die vor allem die augenblickliche lustvolle Gegenwart zählt.

Strathman et al. (1994) haben die Zukunftsorientierung als „consideration of future consequences" (CFC) bezeichnet und dazu ein Messverfahren entwickelt, um die CFC zu erfassen. Zu insgesamt zwölf Aussagen sollen die befragten Personen angeben, inwieweit diese für sie zutreffen. Diese Aussagen beschreiben das Konzept der CFC, zugleich kann man sich selbst einmal testen (Tab. 2.4).

Die Aussagen führen vor Augen, wie vielfältig sich die CFC und zwar in beide Richtungen auswirkt. Strathman et al. haben die CFC von 208 studentischen Versuchspersonen erfasst. Dabei ergab sich ein Mittelwert von 3,8, d. h. insgesamt eine moderate Ausprägung der Zukunftsorientierung. Die Varianz war, obwohl es sich um eine homogene Stichprobe handelte, jedoch beträchtlich, was auf erhebliche individuelle Unterschiede hinweist. Nicht alle Menschen, und auch nicht die Jüngeren, haben die Zukunft im Blick.

Die Zukunftsorientierung ist jedoch in der Nachhaltigkeitsdebatte relevant. Milfont et al. (2012) haben das in einer Metaanalyse, in der sie 19 Studien aus

Tab. 2.4 Consideration of Future Consequences Scale (CFC) (Strathman et al., 1994, S. 752)

Bitte geben Sie auf der Skala von 1 bis 5 für jede der folgenden Aussagen an, ob diese für Sie charakteristisch ist oder nicht. 1 = extrem uncharakteristisch, 2 = etwas uncharakteristisch, 3 = schwer zu sagen, 4 = etwas charakteristisch, 5 = extrem charakteristisch (die Aussagen 3, 4, 5, 10, 11 und 12 werden bei der Ermittlung des Gesamtwerts umgepolt)

1. Ich mache mir Gedanken darüber, wie die Dinge in der Zukunft sein könnten, und versuche, durch mein Verhalten Einfluss darauf zu nehmen.

2. Ich engagiere mich oft für etwas, dass vielleicht erst in vielen Jahren wichtig sein wird.

3. Ich handle so, dass ich meine unmittelbaren Bedürfnisse befriedige, denn ich denke, in Zukunft wird sich ohnehin alles von selbst regeln.

4. Mein Verhalten wird von den unmittelbar zu erwartenden Ergebnissen bestimmt.

5. Meine Bequemlichkeit ist mir bei allen meinen Entscheidungen und Handlungen wichtig.

6. Ich bin bereit, mein unmittelbares Glück oder Wohlbefinden zu opfern, um zukünftig etwas Erstrebenswertes zu erreichen.

7. Ich halte es für wichtig, Warnungen vor negativen Folgen ernst zu nehmen, auch wenn diese erst in vielen Jahren eintreten werden.

8. Ich denke, dass es wichtiger ist, mit Blick auf die zeitlich weiter entfernten gravierenden Konsequenzen zu handeln als mit Blick auf die weniger einschneidenden unmittelbaren Konsequenzen.

9. Ich ignoriere meistens Warnungen über mögliche zukünftige Probleme, weil ich denke, dass die Probleme irgendwie gelöst werden, bevor sie eine Krise hervorrufen.

10. Ich denke, dass es in der Regel unnötig ist, jetzt Opfer zu bringen, da die zukünftigen Folgen zu einem späteren Zeitpunkt bewältigt werden können.

11. Ich handle so, dass meine gegenwärtigen Anliegen zu einem guten Abschluss kommen; um zukünftige Probleme kann ich mich dann später kümmern.

12. Da meine alltägliche Arbeit konkrete Ergebnisse hat, ist sie für mich wichtiger als ein Verhalten, dessen Ergebnisse in weiter Ferne liegen.

sieben Ländern analysiert haben, bestätigt. Der Mensch, der in die Zukunft blickt und die Folgen seines Handelns mitbedenkt, ist die Idealperson, die nachhaltig handelt. Die zu erwartende künftige Situation wird von ihr bei Entscheidungen einbezogen, was es auch erleichtert, augenblickliche Unlustgefühle und Verzicht zu ertragen. Denn ein Verzicht wäre unsinnig und kaum begründbar, wenn es keine verheißungsvolle Zukunft gäbe (Huber, 2022). Zukunftsorientierung drückt sich in der Fähigkeit aus, vom gegenwärtigen Moment und der jeweiligen Bedürfnislage abzusehen und prospektiv zu denken. Man muss auf ein augenblickliches

Lustgefühl verzichten können. Die Suffizienz-Strategie ist erfolgreich bei denen, die das können. Den anderen fällt es schwerer. Der Extremfall ist ein Drogensüchtiger, der nicht verzichten kann, der die späteren selbstzerstörerischen Folgen nicht bedenkt. Er denkt nicht an die Zukunft.

Bereits Kinder ab etwa fünf Jahren unterscheiden sich in ihrer Bereitschaft, auf einen sofortigen Gewinn zugunsten eines späteren und dann vielleicht größeren Gewinns zu verzichten (Mischel, 2015). In einer Längsschnittuntersuchung hat Mischel herausgefunden, dass die inzwischen zu Erwachsenen herangewachsenen Kinder, die zu einem Belohnungsaufschub bereit gewesen waren, verglichen mit denen, die die Belohnung gleich haben wollten, Frustrationen eher verkraften, unter Zeitdruck arbeiten, sich besser konzentrieren, effektiver lernen und ihre Pläne beharrlicher verfolgen können. Es sind beachtenswerte Zusammenhänge, die die Frage aufwerfen, wie man durch Erziehung oder auf andere Art und Weise bewirken kann, dass Kinder eine Zukunftsperspektive entwickeln.

Ob die Ziele, die man sich setzt, erreicht werden, ist ungewiss, vor allem, wenn sie sehr hoch angesetzt sind, oder weil sich die Mühe, sie zu erreichen, als größer erweist als gedacht, oder weil sich unerwartete Hindernisse in den Weg stellen. Oder man verzichtet auf jede Zielsetzung, weil man sich von der „Illusion der Marginalität" nicht zu lösen vermag und sich als Einzelner für völlig unbedeutend hält. Sorgen und Befürchtungen bis hin zur Angst vor einer unheilvollen Zukunft können dominieren. Zukunftsangst ist ein Zustand der Befürchtung, Ungewissheit, Sorge und Angst vor unheilvollen Veränderungen und einer dunklen Zukunft (dark future), die sich jeder Kontrolle entzieht (Zaleski, 1996; Zaleski et al., 2019).

Um die Angst vor einer antizipierten, sich verschlechternden Umweltsituation einzudämmen oder zu bewältigen, werden psychische Abwehrmechanismen aktiviert. Einer dieser Mechanismen ist, die Zukunft in eine größere Ferne zu rücken und sich selbst zu versichern, dass die schlimmen Ereignisse wie ein wirtschaftlicher Niedergang oder eine ökologische Katastrophe erst sehr viel später eintreten werden, man also zeit seines Lebens nichts zu befürchten hat, und die nachfolgenden Generationen schon Mittel und Wege finden werden, um mit einer unheilvollen Entwicklung fertig zu werden. Eine „future anxiety" kann andererseits auch dazu führen, dass man sich in Bürgervereinen betätigt, die sich für den Umweltschutz vor Ort einsetzen, damit das, was zu befürchten ist, eben nicht eintritt.

Zielorientiertes Handeln schließt eine Abschätzung der zu erwartenden Folgen ein. Um optimale Entscheidungen treffen zu können, bedarf es der Fähigkeit, sich zukünftige Ereignisse und Zusammenhänge im Sinne von „Wenn-Dann" vorzustellen. Ein Großteil unseres (umweltbezogenen) Verhaltens wird bestimmt von einem „Wenn-ich das tue, dann hat das die und die Folgen". Es sind *antizipierte* Verhaltenskonsequenzen.

Es ist die Antizipation von unerwünschten Ereignissen und Katastrophen, die zum Leitbild der nachhaltigen Entwicklung geführt hat. Bislang hat man vor allem auf Effizienz- und Konsistenz-Strategien gesetzt, um eine nachhaltige Entwicklung voranzubringen. Inzwischen rückt auch die Suffizienz-Strategie ins Blickfeld, nachdem man festgestellt hat, dass die bisherigen Ansätze für den Schutz der Umwelt offensichtlich nicht ausreichen. Ohne die „Strategie des Genug" wird es nicht gehen, wie der Sachverständigenrat für Umweltfragen der Bundesregierung festgestellt hat.[21] Die Strategie der Suffizienz wird jedoch nur bei zukunftsorientierten Menschen Anklang finden. Ein Ziel ist damit die Stärkung der Zukunftsperspektive, denn sie erhöht die Akzeptanz der „Strategie des Genug", ohne die man nicht auskommen wird.

---

[21] https://www.umweltrat.de/SharedDocs/Pressemitteilungen/DE/2020_2024/2024_03_PM_Suffizienz_als_Strategie_des_Genug.html?nn=400658

Ausblick

Es besteht kein Zweifel, dass die aktuellen Umweltprobleme auch durch das Handeln der Menschen verursacht werden. Und auch wenn es um die Lösung der Probleme geht, sind es Menschen, die Entscheidungen treffen, die Interventionen planen und Zielkataloge erstellen. Es gibt also hinreichend Gründe, die Wissenschaft vom Erleben und Verhalten des Menschen bei der Analyse von Umweltproblemen und bei der Konzeption von Lösungsansätzen einzubeziehen (Kals et al., 2023). Der Bedarf an psychologischer Expertise wird weiter zunehmen, denn die Umweltprobleme werden sichtbarer und damit auch die Notwendigkeit, Gegenmaßnahmen zu ergreifen.

Die Psychologie kann zu vier Punkten beitragen (Wagner & Homburg, 2005):

- zur präzisen Beschreibung von Problemen einschließlich der Rolle, die der Mensch dabei spielt,
- zur Erklärung des Verhaltens, wobei auf bewährte psychologische Theorien und Konzepte zurückgegriffen wird,
- zur Empfehlung von Maßnahmen mitsamt von Folgenabschätzungen,
- zu einer Evaluation der durchgeführten Maßnahmen.

Das A und O ist die Erklärung: Warum handeln Menschen umweltgerecht oder was hindert sie daran? Erste hypothetische Antworten liefern Theorien und Modelle. Die Psychologie verfügt über Theorien, Modelle und Konzepte, die Verhalten erklären können, sowie über eine beachtliche Menge an Forschungsergebnissen, die deren Tauglichkeit untermauern. Von diesem Fachwissen ausgehend lässt sich ermitteln, ob und welche Folgen eine bestimmte Intervention

A. Flade, *Der Beitrag der Psychologie zur nachhaltigen Entwicklung*, SDG - Forschung, Konzepte, Lösungsansätze zur Nachhaltigkeit, https://doi.org/10.1007/978-3-658-45505-7_3

für das Gesamtsystem bzw. das individuelle umweltbezogene Verhalten hat bzw. mit großer Wahrscheinlichkeit haben wird.

Zur Frage, wie nachhaltiges Verhalten gefördert werden kann, hat sich das Einflussschema für umweltbezogenes Verhalten von Fietkau und Kessel (1981) bewährt. Es ist wie alle Modelle eine Vereinfachung der hochkomplexen Wirklichkeit, die auf wenige relevante Einflussfaktoren reduziert wird. Es liefert Ansätze für Verhaltensänderungen. Ein Einflussfaktor, der leicht aus dem Blick gerät, wenn man dem *psychologischen Reduktionismus* (Keupp, 2005, S. 134) folgt, der das individuelle Erleben und Verhalten weitgehend unabhängig vom soziokulturellen Rahmen und den physisch räumlichen Umweltbedingungen betrachtet, sind Handlungsräume bzw. Verhaltensangebote, ohne die es nicht möglich ist, umweltbezogene Einstellungen zu entwickeln und dementsprechend zu handeln (Fuhrer & Wölfing, 1997). In dicht bebauten Städten gibt es nicht immer Parks und auch kaum Naturerfahrungsräume, in vielen Schulen nur asphaltierte Pausenhöfe ohne Büsche und Bäume, und nicht überall fahren Busse und Bahnen im 10-Minuten-Takt. Mit der Frage, ob seine Lebenswelt es einem Menschen ermöglicht, „Pro-Environmental"-Einstellungen zu erwerben, wird dieser Faktor in den Vordergrund gerückt. Dann stellt sich auch die Frage nach den Handlungsanreizen: Lohnt es sich, die Verhaltensangebote anzunehmen? Oder sind sie zum Beispiel viel zu teuer?

Wichtig ist Wissen über die natürliche Umwelt, das bereits im Kindes- und Jugendalter erworben werden sollte, bevor sich in den späteren Lebensjahren Verhaltensroutinen verfestigt und Einstellungen herausgebildet haben, die ein nachhaltiges Handeln blockieren, weil es dann kaum mehr in den Sinn kommt. Ohne jede Umweltbildung sind Menschen nicht in der Lage, wissentlich umweltgerecht zu handeln. Der Bedeutung der Bildung wird im SD-Katalog im Ziel Nr. 4 aufgegriffen. Bildung beruht auf Wissen, es ist die Fähigkeit, dieses Wissen anzuwenden. Es ist eine conditio sine qua non auch mit Blick auf die Herausbildung umweltbezogener Einstellungen und Werthaltungen.

Zur theoretischen Grundlage, um Verhalten zu erklären, gehören neben Theorien auch Konzepte, die sich auf begrenztere inhaltliche Bereiche wie bauliche Dichte und Beengtheit, Grundbedürfnisse, Motivation, Umweltstress, Verantwortung, und Zukunftsorientierung usw. beziehen. Sie bieten außer einer Erklärung auch noch eine präzisierte und eine vom konkreten Fall verallgemeinernde Beschreibung des Problems und sie weisen auf Zusammenhänge und die Auswirkungen hin. So geht es etwa beim Ziel Nr. 2, kein Hunger, zwar erst einmal darum, Menschen satt zu machen, darüber hinaus aber um weit mehr, nämlich ihnen nach der Befriedigung dieses existentiellen Bedürfnisses die Möglichkeit zu eröffnen, sich fortzubilden, sich eine eigene Existenzgrundlage zu verschaffen und „psychisch zu wachsen". Wer Hunger hat, wird sich weder über Nachhaltigkeit noch über Bildungschancen Gedanken machen. Es wird ihn nicht interessieren, ob er nachhaltig lebt, wenn es ums Überleben geht. Bevor nicht die existentiellen Bedürfnisse befriedigt sind, ist an die Befriedigung der psychischen und sozialen Bedürfnisse und nach Selbstverwirklichung überhaupt nicht zu denken.

Im Zusammenhang mit der nachhaltigen Entwicklung wichtige Konzepte wurden in Form von Schlüsselbegriffen vorgestellt. Das Wort „Schlüsselbegriff" bringt zum Ausdruck, dass etwas darunter Liegendes „aufgeschlüsselt" wird. Das Darunterliegende sind verhaltensrelevante Faktoren. Das ökologisch-soziale Dilemma der Allmende-Klemme zeigt, wie ein strukturelles Problem „aufgeschlüsselt" wird: Die Ressourcen der Erde, darunter auch die Nahrungsmittel, von denen viele Milliarden Menschen etwas haben wollen, sind begrenzt. Andernfalls würde es das Problem „Hunger" nicht geben. Beobachtungen und Forschungsergebnisse verweisen auf die Bedeutung von Anonymität. Man kooperiert nicht, wenn die anderen Unbekannte sind, deren Verhalten man nicht einschätzen kann. Umso mehr herrscht der Eigennutz. Wenn man weiß, dass Anonymität ein Kooperieren behindert, kann man überlegen, inwieweit es möglich ist, eine große in viele kleine Allmenden, in denen sich die Menschen kennen, unterteilen ließe. Man denke an das Beispiel der Almbauern, die jeweils eine vergleichsweise kleine Allmende gemeinsam bewirtschaften.

Menschen sind lernende Lebewesen. Sie schauen, was andere machen und machen es ihnen nach. Und sie lernen aus den Konsequenzen, die ihr Verhalten hat. Sind diese positiv, wird das Verhalten gefestigt. Um nachhaltiges Verhalten zu fördern, braucht man Vorbilder, die es vormachen. Wichtige Vorbilder sind Eltern, Lehrer sowie Bekannte und Kollegen. Auch auf deren Verhalten kommt es an. Des Weiteren muss nachhaltiges Verhalten positive Folgen haben. Neben den wahrgenommenen spielen auch die antizipierten Verhaltenskonsequenzen eine Rolle. Der Mensch plant und überlegt sich die Konsequenzen, die es haben könnte, wenn er sein Verhalten ändern würde. Zum Beispiel fragt er sich, wie er ohne Auto zurechtkommen würde. Verspricht er sich davon ein besseres und wegen der vermehrten körperlichen Bewegung ein gesünderes Leben, wird er dementsprechend handeln. Sind dagegen die zu erwartenden Konsequenzen negativ, weil er viele Zielorte, die für ihn wichtig sind, kaum mehr erreichen könnte, wird er nicht auf das Auto verzichten.

Die zentrale Frage ist, welche Informationen aus der Überfülle an Informationen aus der Umwelt aufgenommen werden. Durch die Globalisierung und den Einsatz der digitalen Medien ist die Informationsfülle zu einer gewaltigen Flut angewachsen. Es ist so ziemlich wahrscheinlich, dass unter den aufgenommenen

Informationen – einem *individuellen* Framing – nichts zur nachhaltigen Entwicklung enthalten ist. Mit einem *strategischen* Framing lässt sich die nachhaltige
Entwicklung medial in den Vordergrund rücken. So belässt man es nicht bei
einer schlichten Liste, sondern präsentiert die 17 SD-Ziele plakativ in kleinen
aneinander gereihten Quadraten in unterschiedlicher Farbe mit einem bestimmten
Logo (Abb. 1.3, Abb. Anhang). Die Medienfachleute wissen, dass eher auf Bilder als auf Texte geschaut wird. Man findet diese Darstellungen auf Plakaten im
öffentlichen Raum und auf den Covern von Berichten, z. B. der Bundesregierung
(2016, 2021) über die Deutsche Nachhaltigkeitsstrategie.

Stress erzeugende Umweltbelastungen können physischer, chemischer, biologischer und auch sozialer Art sein. Lärm und Luftverschmutzung bis hin zum
Smog in großen Städten und eine hohe soziale Dichte, die als beengend erlebt
wird, sind Stressoren, die die Gesundheit und das Wohlergehen beeinträchtigen
und bei längerer Dauer krank machen können. Umweltbelastungen blockieren
eine nachhaltige Entwicklung auch deshalb, weil sich ein Mensch, der Stress zu
bewältigen hat, kaum für die nachhaltige Entwicklung interessieren wird, auch
wenn diese letztendlich den Stress reduzieren würde.

Das Streben des Menschen ist darauf gerichtet, sich wohl und glücklich zu
fühlen. Es ist ein ultimatives Motiv. Doch wie wohl sich ein Mensch fühlt,
hängt nicht nur von seiner körperlichen und psychischen Befindlichkeit, sondern
immer auch von den Umweltbedingungen ab. Die Umwelt muss als angenehm
und anregend erlebt werden (Abb. 3.1).

Im Zielkatalog werden das Wohlbefinden des Menschen und die wünschenswerten Umweltbedingungen getrennt abgehandelt. Im Ziel Nr. 3 geht um die
Gesundheit und das Wohlergehen des Menschen, in den Zielen Nr. 6, 11 und 15
usw. um eine intakte natürliche Umwelt. Beides ist untrennbar miteinander verbunden, was aber in einer einfachen Auflistung nicht sichtbar werden kann. So
schützt der Mensch die Umwelt, um sich nicht selbst zu schädigen.

Suffizienzstrategien werden akzeptiert, wenn sie das Wohlbefinden nicht allzu
sehr schmälern. Andernfalls ist eher mit einer Verzichtaversion zu rechnen. Doch
Suffizienz-Strategien müssen nicht unbedingt so daherkommen, dass sie Askese
verlangen. Man kann sie „labeln". Menschen mit einem hedonistischen Lebensstil könnte man etwa für das Anliegen „Suffizienz der Nachhaltigkeit zuliebe"
begeistern, indem man die Verzichtbereitschaft mit „Trendiness" in Verbindung
bringt; es ist sozusagen chic, nachhaltig zu handeln.

Mobilsein gehört zum Lebendigsein, sodass das Ziel nicht ein Verzicht, sondern die Ermöglichung einer umweltfreundlichen Mobilität sein muss (Flade,
2013). Wenn Fahrradfahren als „trendy" gilt, werden sich viele Menschen ein
Bike anschaffen.

Abb. 3.1 Entspanntes Mensch-Umwelt-Verhältnis (Illustration Niels Flade)

Handlungsanreize können eingespielte Verhaltensroutinen unterbrechen, indem man etwas ausprobiert, was man andernfalls nicht gemacht hätte. Es ist eine zentrale Funktion von Handlungsanreizen. So kann das neue Radwegenetz ein Anreiz sein, einen der üblichen Wege einmal mit dem Fahrrad zurückzulegen. Es sind positive Verhaltenskonsequenzen, wenn man merkt, dass man gut vorankommt und sich auch noch körperlich fitter fühlt als zuvor.

Wenn viele Menschen an einer Sache beteiligt sind, nimmt nicht nur die Anonymität zu, sondern zugleich auch die Verantwortung ab. Es wäre deshalb fatal, wenn man die Bemühungen um eine nachhaltige Entwicklung allein den oberen Akteursebenen überlassen würde, auf denen es meistens anonym zugeht. Optimal sind überschaubare Gruppen von Akteuren. Die Verantwortung lässt sich nicht so einfach abschieben, wenn man sich kennt und wenn man sich darüber im Klaren ist, dass Kooperation allen nützt, Konkurrenz dagegen nur einigen wenigen, während sie den übrigen schadet.

Das Ziel einer nachhaltigen Entwicklung ist auf die Zukunft gerichtet. Ein ausschließliches Verharren im Hier und Jetzt im Sinne von „Verweile doch, du bist so schön", schließt nicht nur jede Form von Suffizienz aus, sondern verlockt auch zu einem verschwenderischen Umgang mit Ressourcen. Erstrebenswert ist somit die Stärkung der Zukunftsperspektive, beginnend am besten in der Kindheit; aber auch im Erwachsenenalter ist es noch nicht zu spät dazu (Zimbardo & Boyd, 1999).

Im SD-Zielkatalog fehlt nicht nur ein systemischer Ansatz, d. h. ein In-Beziehung-Setzen der diversen Ziele, sodass Zielkonflikte nicht zutage treten können, sondern auch ein Hinweis auf unterschiedliche Akteursebenen (Tab. 1.1). Die Individualebene fehlt gänzlich. Damit lässt man den Menschen als Akteur außen vor. Bei einer Weltbevölkerung von derzeit geschätzt über acht Milliarden Menschen ist das umweltbezogene Verhalten eines einzelnen Menschen zweifellos noch sehr viel weniger als „ein Tropfen auf dem heißen Stein" (Abb. 2.16). Wenn jedoch *sehr viele* Menschen in einer bestimmten Weise handeln, sind die Folgen wegen der summativen Wirkung durchaus spürbar. Heutzutage lässt sich eine solche Wirkung durch „Influencer" relativ schnell erzeugen. Influencer sind Meinungsführer, die ihre starke Ausstrahlungskraft nutzen, um in sozialen Netzwerken für Produkte und Lebensweisen zu werben. Sie haben einen erheblichen Einfluss auf das Verhalten ihrer „Follower". Auch der Mechanismus der sozialen Bewährtheit kommt dabei zum Tragen, nach Cialdini (2004) die Tendenz, eine Handlungsweise für richtig zu halten, wenn viele auch so handeln. Wenn sich viele Mitmenschen umweltgerecht verhalten, wird es auch richtig sein. In einer Psychologie der Nachhaltigkeit geht es jedoch weniger um den Hinweis, dass viele Menschen zusammen eine ganze Menge bewirken können, sofern sie nur an einem Strang ziehen, sondern um die Beantwortung der Frage: Was kann die Psychologie als Wissenschaft vom Erleben und Verhalten des Menschen zu einer nachhaltigen Entwicklung beitragen?

Psychologen können ihr Fachwissen durch Beratung von Akteuren auf allen Ebenen einbringen. „Die Wissenschaft stellt Entscheidungshilfen für die Politikgestaltung zur Verfügung, also für Planungen und Entscheidungen von Akteuren in Parlamenten, Regierungen und Verwaltungen auf den verschiedenen Ebenen des föderalen Staates" (Wagner & Homburg, 2005, S. 68). Die Beratung kann

bei der eingehenden und durchaus kritischen Betrachtung der Nachhaltigkeitsziele beginnen. Man stellt dann z. B. fest, dass die Vergabe von Stipendien in
Entwicklungsländern keinen Sinn hat, wenn es dort noch keine befähigten und
motivierten Stipendiaten gibt, weil in diesen armen Ländern die jungen Menschen damit beschäftigt sind, ihr eigenes und das Überleben ihre Familie zu
sichern. Und weiter: Um allen Menschen Bildung zu verschaffen, reichen der
Bau und Ausbau von Bildungseinrichtungen und eine Erhöhung der Zahl der
Lehrer in den Entwicklungsländern nicht aus, erforderlich ist auch die Ermöglichung, Befähigung und Motivierung der Menschen zu lernen und sich zu bilden.
Eine kritische Analyse der Ziele samt der beachtlichen Zahl der Unterziele wäre
ein erster, wichtiger Beitrag.

Psychologen sind längst in der Politikberatung tätig (Wagner & Homberg,
2005). Dort haben sie es zumeist mit den höheren Akteursebenen wie Regierungen und Parlamenten zu tun. Politikberater beschreiben und erklären gesellschaftliche Entwicklungen, sie unterbreiten Vorschläge für Interventionen und
Wirkungsanalysen. Es sind von außen – meistens aus Universitäten – kommende
Fachleute. Man hört sie an. Entscheiden tun dann die Politiker.

Was bislang fehlt, ist eine institutionelle Einbindung von Psychologen auf der
kommunalen Ebene vergleichbar mit deren Einbindung in den Schuldienst, in
Betrieben, in Kliniken und Beratungsstellen. Das Aufgabenfeld ist zweifellos sehr
vielfältig. Es gehören dazu die Beratung, die Mediation, ein Teil der Öffentlich-
keitsarbeit wie z. B. eine Kolumne: „Neues aus der Gemeindepsychologie", die
Durchführung von Fortbildungsveranstaltungen, die Bewertung von Programmen
aus psychologischer Perspektive und eine Evaluation durchgeführter Maßnahmen
samt der Präsentation der Ergebnisse.

In Anbetracht der unvermeidlichen Zielkonflikte ist die Mediation eine wichtige Aufgabe. Ein Beispiel: Städte sollen nachhaltig gestaltet werden, d. h. nicht
so dicht bebaut werden, dass noch Platz für Bäume und Grünflächen bleibt, doch
zugleich sollen die ländlichen Bereiche geschützt werden, indem Naturflächen im
Umland nicht in Bauflächen umgewandelt werden. Bei einer wachsenden Stadtbevölkerung und dem damit einhergehenden steigenden Bedarf an Wohnungen,
d. h. an Flächen, auf denen man Wohngebäude errichten kann, ist ein Zielkonflikt unvermeidlich. Eine hohe bauliche Dichte führt unweigerlich zu einer
Reduzierung von Handlungsmöglichkeiten und Naturerfahrungen. Eine bauliche
Verdichtung, die kaum Raum mehr lässt für die natürliche Umwelt, ist jedoch
nicht zu vermeiden, wenn die Bevölkerung wächst und die außerhalb der Stadt
liegende natürliche Umwelt nicht in gebaute Umwelt verwandelt werden soll.
Eine Stadt ohne grüne Natur, die ausschließlich aus gebauter Umwelt besteht,

passt nicht zum Ziel Nr. 3, ein gesundes Leben zu ermöglichen, denn vermehrter Lärm und verunreinigte Luft und schließlich die Reduzierung von Frei- und
Handlungsspielräumen und damit mangelnden Möglichkeiten, sich „im Grünen"
zu erholen, schlagen negativ zu Buche. Die Folge ist eine gesteigerte Freizeitmo-
bilität im Sinne eines „Raus aus der Stadt". Solche Zielkonflikte zu verdeutlichen
und die Pro- und Contra-Argumente der Beteiligten zusammenzustellen und mit
ihnen gegeneinander abzuwägen, gehört zu den Aufgaben eines Mediators.

Die Gemeindepsychologie liefert die theoretische Basis, sie erforscht das Erleben und Handeln der Menschen in ihrer soziokulturellen, sozioökonomischen
und ökologischen Umwelt (Keupp, 2005; Stark, 2005). Die theoretische Basis
ist gegeben. Der nächste Schritt ist die institutionelle Einbindung (Anton &
Lawrence, 2014), wie man sie aus anderen Bereichen wie im Schuldienst, in
Betrieben, in Kliniken und Organisationen kennt, in denen Psychologen und Psychologinnen ihr fachliches Wissen über das Erleben und Verhalten des Menschen
einbringen.

Es würde die nachhaltige Entwicklung sicherlich voranbringen, wenn die
untersten Akteursebenen stärkeres Gewicht bekämen. Durchaus denkbar wäre,
die siebzehn Ziele umfassende SD-Liste um das Ziel Nr. 18: Befähigung, Akti-
vierung und Motivierung der Menschen, sich Umwelt schützend zu verhalten, zu
verlängern.

Ohne Einbeziehung der Kommunen, die nahe am Lebensalltag der Menschen
sind, lässt sich das Ziel, zu einer nachhaltigen Gesellschaft zu gelangen, nicht
erreichen. Das hatte bereits Hermand (1991) konstatiert. Er hatte eine Dezentra-
lisierung der geltenden Kompetenzbefugnisse vorgeschlagen, um immer größer
werdende Machtkomplexe (wie z. B. die Vereinten Nationen) mitsamt den künstlich aufgeblähten Verwaltungsstrukturen zu stutzen. Für erstrebenswert hat er
eine Rückverlagerung der Machtbefugnisse in die Länder, Kreise, Städte und
Dörfer gehalten. Dann könnten an die Stelle bürokratischer, mitunter wirklich-
keitsferner Steuerungen konkrete Umwelt schützende Maßnahmen treten, die
in der jeweiligen Kommune wichtig und nützlich sind. Anstelle von lähmen-
der Anonymität, bürokratischer Abstraktion und dem Gefühl, nichts bewirken
zu können und deshalb auch nicht verantwortlich zu sein, könnten Teilhabe
und Mitverantwortlichkeit treten, eine günstige Konstellation für eine nachhaltige
Entwicklung.

Die Kommune ist das Umfeld des alltäglichen Lebensraums der meisten Menschen, ihr konkreter Erfahrungs- und Handlungsraum, der für sie unmittelbar von
Belang ist. In der Kommune setzen sich die Menschen etwa in Bürgervereinen
für verkehrssichere Schulwege oder die Anlage eines Naturerfahrungsraums für
Kinder und Jugendliche ein. Hier beginnen sie ihre Dächer zu begrünen und

ihren grünfreien Schottergarten durch eine Wiese zu ersetzen. In ihrem persönlichen Lebensraum lässt sich eine solche Umweltaneignung bewerkstelligen. Der Eindruck von Marginalität und Machtlosigkeit angesichts einer riesigen Welt mit mehr als acht Milliarden anderen Menschen, der zu einer fatalistischen Haltung führt, dass man als Einzelner bar jeden Einflusses ist, ist auf der kommunalen Ebene und vor allem im eigenen Lebensraum weitaus geringer. Hier gibt es Möglichkeiten einer individuellen nachhaltigen Umweltaneignung.

Anhang

Der SD-Zielkatalog

Abb. A.1 Anhang Ziele für nachhaltige Entwicklung (Bundesregierung 2016. Cover)

1 *Keine Armut*
   Armut in all ihren Formen und überall beenden.
2 *Kein Hunger*
   Den Hunger beenden, Ernährungssicherheit und eine bessere Ernährung erreichen und eine nachhaltige Landwirtschaft fördern.
3 *Gesundheit und Wohlergehen*
   Ein gesundes Leben für alle Menschen jeden Alters gewährleisten und ihr Wohlergehen fördern.
4 *Hochwertige Bildung*
   Bildung für alle: inklusive, gerechte und hochwertige Bildung gewährleisten und Möglichkeiten des lebenslangen Lernens für alle fördern.
5 *Geschlechtergleichheit*
   Gleichstellung der Geschlechter erreichen und alle Frauen und Mädchen zur Selbstbestimmung befähigen.
6 *Sauberes Wasser und Sanitär-Einrichtungen*
   Verfügbarkeit und nachhaltige Bewirtschaftung von Wasser und Sanitärversorgung für alle gewährleisten.
7 *Bezahlbare und saubere Energie*
   Zugang zu bezahlbarer, verlässlicher, nachhaltiger und zeitgemäßer Energie für alle sichern.
8 *Menschenwürdige Arbeit und Wirtschaftswachstum*
   Nachhaltiges Wirtschaftswachstum und menschenwürdige Arbeit für alle – dauerhaftes, breitenwirksames und nachhaltiges Wirtschaftswachstum, produktive Vollbeschäftigung und menschenwürdige Arbeit für alle fördern.
9 *Industrie, Innovation und Infrastruktur*
   Eine widerstandsfähige Infrastruktur aufbauen, breitenwirksame und nachhaltige Industrialisierung fördern und Innovationen unterstützen.
10 *Weniger Ungleichheiten*
   Ungleichheit in und zwischen Ländern verringern.
11 *Nachhaltige Städte und Gemeinden*
   Städte und Siedlungen inklusiv, sicher, widerstandsfähig und nachhaltig gestalten.
12 *Nachhaltiger Konsum und Produktion*
   Nachhaltige Konsum- und Produktionsmuster sicherstellen.
13 *Maßnahmen zum Klimaschutz*
   Sofortmaßnahmen ergreifen, um den Klimawandel und seine Auswirkungen zu bekämpfen.
14 *Leben unter Wasser*

Bewahrung und nachhaltige Nutzung der Ozeane, Meere und Meeresres-
sourcen.

15 *Leben an Land*

Landökosysteme schützen, wiederherstellen und ihre nachhaltige Nut-
zung fördern, Wälder nachhaltig bewirtschaften, Wüstenbildung bekämpfen,
Bodendegradation beenden und umkehren und dem Verlust der biologischen
Vielfalt ein Ende setzen.

16 *Frieden, Gerechtigkeit und starke Institutionen*

Friedliche und inklusive Gesellschaften für eine nachhaltige Entwicklung
fördern, allen Menschen Zugang zum Recht ermöglichen und leistungsfähige
Rechenschaft
pflichtige und inklusive Institutionen auf allen Ebenen aufbauen.

17 *Partnerschaften zur Erreichung der Ziele*

Umsetzungsmittel stärken und die globale Partnerschaft für nachhaltige
Entwicklung mit neuem Leben füllen.

Literatur

Ackerman Grunfeld, D., Gilbert, D., Hou, J., et al. (2024). Underestimated burden of per- and polyfluoroalkyl substances in global surface waters and groundwaters. *Nature Geoscience, 17,* 340–346.

Ahrbeck, B. (2024). *Basteln am Ich. Zu Risiken und Nebenwirkungen grenzenloser Selbstbestimmung.* zu Klampen.

Ajzen, I. (1991). The theory of planned behavior. *Organizational Behavior and Human Decision Processes, 50,* 179–211.

Allport, G. W. (1935). Attitudes. In C. Murchison (Hrsg.), *Handbook of social psychology* (S. 798–844). Clark University Press (zit. bei Haddock & Maio 2014, a. a. O.).

Anton, C. E., & Lawrence, C. (2014). Home is where the heart is: The effect of place of residence on place attachment and community participation. *Journal of Environmental Psychology, 40,* 451–461.

Asah, S. T., Bengston, D. N., Westphal, L. M., & Gowan, C. H. (2018). Mechanisms of children's exposure to nature: Predicting adulthood environmental citizenship and commitment to nature-based activities. *Environment and Behavior, 50,* 807–836.

Bandura, A. (1995). Exercise of personal and collective efficacy in changing societies. In A. Bandura (Hrsg.), *Self-efficacy in changing societies* (S. 1–45). Cambridge University Press.

Barton, H., Grant, M., & Guise, R. (2003). *Shaping neighbourhoods. A guide for health, sustainability and vitality.* Spon.

Beck, U. (2008). Jenseits von Klasse und Nation. Individualisierung und Transnationalisierung sozialer Ungleichheiten. *Soziale Welt, 59,* 302–325.

Bell, P. A., Greene, T. C., Fisher, J. D., & Baum, A. (2001). *Environmental psychology* (5. Aufl.). Taylor & Francis Group.

Bierhoff, H.-W. (2002). *Einführung in die Sozialpsychologie.* Beltz.

Bierhoff, H.-W., & Neumann, E. (2006). Soziale Verantwortung und Diffusion der Verantwortung. In H.-W. Bierhoff & D. Frey (Hrsg.), *Handbuch der Sozialpsychologie und Kommunikationspsychologie* (S. 174–179). Hogrefe.

Blümelhuber, C. (2005). Informationsüberlastung. In D. Frey, L. von Rosenstiel, & C. Graf Hoyos (Hrsg.), *Wirtschaftspsychologie* (S. 143–148). Beltz/PVU.

© Der/die Herausgeber bzw. der/die Autor(en), exklusiv lizenziert an Springer Fachmedien Wiesbaden GmbH, ein Teil von Springer Nature 2024
A. Flade, *Der Beitrag der Psychologie zur nachhaltigen Entwicklung,* SDG - Forschung, Konzepte, Lösungsansätze zur Nachhaltigkeit,
https://doi.org/10.1007/978-3-658-45505-7

Bolscho, D. (1999). Möglichkeiten und Grenzen der Umweltbildung zur Grundlegung umweltgerechten Verhaltens. In V. Linneweber & E. Kals (Hrsg.), *Umweltgerechtes Handeln. Barrieren und Brücken* (S. 211–229). Springer.

Brand, K.-W. (2014). *Umweltsoziologie. Entwicklungslinien, Basiskonzepte und Erklärungsmodelle*. Beltz Juventa.

Brandstätter, V., & Hennecke, M. (2018). Ziele. In J. Heckhausen & H. Heckhausen (Hrsg.), *Motivation und Handeln* (5. Aufl., S. 331–354). Springer.

Brunstein, J. C., & Heckhausen, H. (2018). Leistungsmotivation. In J. Heckhausen & H. Heckhausen (Hrsg.), *Motivation und Handeln* (5. Aufl., S. 163–221). Springer.

Bundesministerium für Umwelt, Naturschutz, nukleare Sicherheit und Verbraucherschutz. (Hrsg.). (2022). *Umweltbewusstsein in Deutschland 2020. Ergebnisse einer repräsentativen Bevölkerungsumfrage*. Berlin.

Bundesministerium für wirtschaftliche Zusammenarbeit und Entwicklung (BMZ) (2022). Referat 410. www.bmz.de

Bundesregierung. (Hrsg.). (1972). *Umweltschutz. Das Umweltprogramm der Bundesregierung*. Kohlhammer (zit. bei Bolscho 1999).

Bundesregierung. (Hrsg.). (2016). Deutsche Nachhaltigkeitsstrategie. www.deutsche-nachhaltigkeitsstrategie.de.

Bundesregierung. (Hrsg.). (2021). Deutsche Nachhaltigkeitsstrategie. Weiterentwicklung (www.bundesregierung.de/publikationen).

Carson, R. (2019). *Der stumme Frühling* (6. Aufl.). Beck (erstmals erschienen 1961: The silent spring).

Cheng, J. C. H., & Monroe, M. C. (2012). Connection to nature: Children's affective attitude toward nature. *Environment and Behavior, 44,* 31–49.

Cialdini, R. B. (2004). *Die Psychologie des Überzeugens* (3. Aufl.). Huber.

Clayton, S. (2000). Models of justice in the environmental debate. *Journal of Social Issues, 56,* 459–474.

Clayton, S. (2003). Environmental identity: A conceptual and an operational definition. In S. Clayton & S. Opotow (Hrsg.), *Identity and natural environment: The psychological significance of nature* (S. 45–65). MIT Press.

Darley, J. M., & Latané, B. (1968). Bystander intervention in emergencies: Diffusion of responsibility. *Journal of Personality and Social Psychology, 8,* 377–383.

De Haan, G. (2001). Bildung für eine nachhaltige Entwicklung als Voraussetzung für gesellschaftlichen Wandel (S. 184–208). In L. Di Blasi, B. Giebel, & V. Hösle (Hrsg.), *Nachhaltigkeit in der Ökologie*. Beck

Deutscher Bundestag. (Hrsg.). (1998). *Konzept Nachhaltigkeit. Vom Leitbild zur Umsetzung*. Bonn.

Diener, E. (1984). Subjective well-being. *Psychological Bulletin, 95,* 542–575.

Dütschke, E., & Blöbaum, A. (2022). Rebound-Effekte. Aktuelle Erkenntnisse und kritische Perspektiven. *Umweltpsychologe, 26*(1), 4–10.

Dunn-Capper, R., Giergiczny, M., Fernández, N., Marder, F., & Pereira, H. M. (2024). Public preference for the rewilding framework: A choice experiment in the Oder Delta. *People and Nature, 6,* 610–626.

Ernst, A. M., & Spada, H. (1993). Bis zum bitteren Ende? In J. Schahn & T. Giesinger (Hrsg.), *Psychologie für den Umweltschutz* (S. 17–27). Beltz/ PVU.

Evans, G. W., Saegert, S., & Harris, R. (2001). Residential density and psychological health among children in low-income families. *Environment and Behavior, 33,* 165–180.

Evans, G. W., Wells, N. M., & Moch, A. (2003). Housing and mental health: A review of the evidence and a methodological and conceptual critique. *Journal of Social Issues, 59,* 475–500.

Fietkau, H.-J., & Kessel, H. (1981). *Umweltlernen.* Hain.

Fischer, M., & Stephan, E. (1996). Kontrolle und Kontrollverlust. In L. Kruse, C. F. Graumann, & E.-D. Lantermann (Hrsg.), *Ökologische Psychologie. Ein Handbuch in Schlüsselbegriffen* (S. 166–175). Psychologie Verlags Union.

Fischer, P., Greitemeyer, T., Kastenmüller, A., et al. (2011). The bystander-effect: A meta-analytic review on bystander intervention in dangerous and non-dangerous emergencies. *Psychological Bulletin, 137,* 517–532.

Flade, A. (2000). Emotionale Aspekte räumlicher Mobilität. *Umweltpsychologie, 4*(1), 50–63.

Flade, A. (2006). *Wohnen psychologisch betrachtet.* Huber.

Flade, A. (2013). *Der rastlose Mensch. Konzepte und Erkenntnisse der Mobilitätspsychologie.* Springer.

Flade, A. (2017). *Third Places – Reale Inseln in der virtuellen Welt. Ausflüge in die Cyberpsychologie.* Springer.

Flade, A. (2018). *Zurück zur Natur? Erkenntnisse und Konzepte der Naturpsychologie.* Springer.

Flade, A. (2020). *Wohnen in der individualisierten Gesellschaft. Psychologisch kommentiert.* Springer.

Flade, A. (2023a). Weiter Bauen wie gewohnt? Creating buildings with people in mind. In A. Abel (Hrsg.), *Architekturpsychologie.* Perspektiven, Band 2: Diskurs und Vermittlung (S. 25–44). Springer Vieweg.

Flade, A. (2023). *Zeitpsychologie. Der Einfluss der Zeit auf das menschliche Erleben und Handeln.* Springer.

Flade, A., Hacke, U., & Lohmann, G. (2002). Wie werden die Erwachsenen von morgen unterwegs sein? *Internationales Verkehrswesen, 54*(11), 542–547.

Fleischer, F. (1996). Folgenabschätzung und -bewertung (Impact assessment). In L. Kruse, C. F. Graumann, & E.-D. Lantermann (Hrsg.), *Ökologische Psychologie. Ein Handbuch in Schlüsselbegriffen* (S. 245–252). Psychologie Verlags Union.

Frantz, C., Mayer, F. S., Norton, C., & Rock, M. (2005). There is no „I" in nature: The influence of self-awareness on connectedness to nature. *Journal of Environmental Psychology, 25,* 427–436.

Fuhrer, U. (2008). Ortsidentität, Selbst und Umwelt. In E.-D. Lantermann & V. Linneweber (Hrsg.), *Grundlagen, Paradigmen und Methoden der Umweltpsychologie* (S. 415–442). Hogrefe.

Fuhrer, U., & Wölfing, S. (1997). *Von den sozialen Grundlagen des Umweltbewusstseins zum verantwortlichen Umwelthandeln.* Huber.

Gadamer, H. G. (1969). Über leere und gefüllte Zeit. Abgedruckt in W. Ch. Zimmerli & M. Sandbothe (Hrsg.), (1993). *Klassiker der modernen Zeitphilosophie* (S. 281–297). Wissenschaftliche Buchgesellschaft.

Glatzer, W. (1996). Messung der Lebensqualität. In L. Kruse, C. F. Graumann, & E.-D. Lantermann (Hrsg.), *Ökologische Psychologie. Ein Handbuch in Schlüsselbegriffen* (S. 240–244). PVU.

Glatzer, W. (2005). Lebenszufriedenheit und Lebensqualität. In D. Frey, L. von Rosenstiel, & C. Graf Hoyos (Hrsg.), *Wirtschaftspsychologie* (S. 230–234). Beltz/PVU.

Götz-Votteler, K., & Hespers, S. (2019). *Alternative Wirklichkeiten? Wie Fake News und Verschwörungstheorien funktionieren und warum sie Aktualität haben.* transcript.

Gollwitzer, P. M., & Crosby, C. (2018). Planning out future action, affect, and cognition. In G. Oettingen, T. S. Sevincer, & P. M. Gollwitzer (Hrsg.), *The psychology of thinking about the future* (S. 335–361). The Guilford Press.

Graumann, C. F. (1996). Aneignung. In L. Kruse, C. F. Graumann, & E. D. Lantermann (Hrsg.), *Ökologische Psychologie. Ein Handbuch in Schlüsselbegriffen* (S. 124–130). PVU.

Hacke, U., & Flade, A. (2004). Von der „klassischen" Verkehrserziehung zur zeitgemäßen Mobilitätserziehung. *Internationales Verkehrswesen, 56*(7/8), 322–326.

Haddock, G., & Maio, G. R. (2014). Einstellungen. In K. Jonas, W. Stroebe, & M. Hewstone (Hrsg.), *Sozialpsychologie* (S. 197–229). Springer.

Haggar, P., Whitmarsh, L., & Nash, N. (2023). A drop in the ocean? Fostering water-saving behavior and spillover through information provision and feedback. *Environment and Behavior, 55,* 520–548.

Hardin, G. (1968). The tragedy of the commons. Science, 162, 1243–1248 (abgedruckt in H. M. Proshansky, W. H. Ittelson, & L. G. Rivlin (Hrsg.), (1976). *Environmental psychology. People and their physical settings* (S. 379–389). Holt, Rinehart and Winston.

Hartig, T., Mitchell, R., de Vries, S., & Frumkin, H. (2014). Nature and health. *Annual Review of Public Health, 35,* 207–228.

Heckhausen, J., & Heckhausen, H. (2018). Motivation und Handeln: Einführung und Überblick. In J. Heckhausen & H. Heckhausen (Hrsg.), *Motivation und Handeln* (5. Aufl., S. 1–11). Springer.

Hellbrück, J., & Kals, E. (2012). *Umweltpsychologie.* Springer VS.

Hellpach, W. (1924). Psychologie der Umwelt. In E. Abderhalden (Hrsg.), *Handbuch der biologischen Arbeitsmethoden* (S. 109–112). Urban & Schwarzenberg.

Hermand, J. (1991). *Grüne Utopien in Deutschland. Zur Geschichte des ökologischen Bewusstseins.* Fischer.

Heßler, M. (2012). *Kulturgeschichte der Technik.* Campus.

Hewstone, M., & Martin, R. (2014). Sozialer Einfluss. In K. Jonas, W. Stroebe, & M. Hewstone (Hrsg.), *Sozialpsychologie* (S. 269–313). Springer.

Homburg, A., & Matthies, E. (1998). *Umweltpsychologie. Umweltkrise, Gesellschaft und Individuum.* Juventa.

Huber, L. (2022). *Das rationale Tier. Eine kognitionsbiologische Spurensuche.* Suhrkamp.

Hunecke, M. (2022). *Psychologie der Nachhaltigkeit.* oekom.

Hunziker, M. (1995). The spontaneous reafforestation in abandoned agricultural lands: Perception and aesthetic assessment by locals and tourists. *Landscape and Urban Planning, 1,* 399–410.

Hustedt, M. (2001). Sind wir zu viele? Über das Verhältnis von Weltbevölkerung und Umweltzerstörung. In L. Di Blasi, Giebel, B., & Hösle, V. (Hrsg.), *Nachhaltigkeit in der Ökologie. Wege in eine zukunftsfähige Welt* (S. 209–232). Beck.

Jäckel, M. (2012). *Zeitzeichen. Einblicke in den Rhythmus der Gesellschaft.* Beltz Juventa.

Jürgens, U. (2015). Aktuelle Fragen der Stadtgeographie. In A. Flade (Hrsg.), Stadt und Gesellschaft im Fokus aktueller Stadtforschung. Konzepte – Herausforderungen – Perspektiven (S. 61–99). Springer VS.

Kagelmann, H. J., & Keul, A. G. (2005). Tourismus – Stressbewältigung und gesundheitsfördernde Wirkungen. In D. Frey & C. Graf Hoyos (Hrsg.), *Psychologie in Gesellschaft, Kultur und Umwelt* (S. 375–381). Beltz/PVU.

Kals, E., & Linneweber, V. (1999). Brücken zur Überwindung von Barrieren umweltgerechten Handelns. In V. Linneweber & E. Kals (Hrsg.), *Umweltgerechtes Handeln. Barrieren und Brücken* (S. 249–256). Springer.

Kals, E., Strubel, I. T., & Hellbrück, J. (2023). *Umweltpsychologie* (2. Aufl.). Springer.

Kaplan, S. (1995). The restorative benefits of nature: Toward an integrative framework. *Journal of Environmental Psychology, 15,* 169–182.

Kara, S. (2024). *Blutrotes Kobalt. Der Kongo und die brutale Realität hinter unserem Konsum.* HarperCollins.

Keul, A. (1995a). Stadt und Wohlbefinden – Eine Synthese. In A. Keul (Hrsg.), *Wohlbefinden in der Stadt* (S. 232–248). Beltz/ PVU.

Keul, A. (1995b). Wetter, Klima, Klimatisierung. In A. Keul (Hrsg.), *Wohlbefinden in der Stadt* (S. 155–171). Beltz/ PVU.

Keupp, H. (2005). Grundlagen der Gemeindepsychologie. In D. Frey & Carl Graf Hoyos (Hrsg.), *Psychologie in Gesellschaft, Kultur und Umwelt* (S. 133–139). Beltz/PVU.

Klein, S. (1999). Ansätze zur Förderung der Nutzung öffentlicher Verkehrsmittel. In A. Flade & M. Limbourg (Hrsg.), *Frauen und Männer in der mobilen Gesellschaft* (S. 207–217). Leske+Budrich.

Klingholz, R., & Lutz, W. (2016). *Wer überlebt? Bildung entscheidet über die Zukunft der Menschheit.* Campus.

Kohlberg, L. (1996). *Die Psychologie der Moralentwicklung.* Suhrkamp.

Lantermann, E.-D. (1999). Zur Polytelie umweltschonenden Handelns. In V. Linneweber & E. Kals (Hrsg.), *Umweltgerechtes Handeln. Barrieren und Brücken* (S. 7–19). Springer.

Lantermann, E.-D. (2001). Umgang mit komplexen Umweltproblemen im Spannungsfeld von Denken, Wissen und Gefühl. In L. Di Blasi, B. Giebel, & V. Hösle (Hrsg.), *Nachhaltigkeit in der Ökologie* (S. 114–128). Beck.

Latané, B., & Nida, S. (1981). Ten years of research on group size and helping. *Psychological Bulletin, 89,* 308–324.

Leong, L. Y. C., Fischer, R., & McClure, J. (2014). Are nature lovers more innovative? The relationship between connectedness with nature and cognitive styles. *Journal of Environmental Psychology, 40,* 57-63375-381.

Levine, M., & Manning, R. (2014). Prosoziales Verhalten. In K. Jonas, W. Stroebe, & M. Hewstone (Hrsg.), *Sozialpsychologie* (S. 357–400). Springer.

Liessmann, K. P. (2017). *Bildung als Provokation.* Paul Zsolnay Verlag.

Lück, H. E. (1987). *Psychologie sozialer Prozesse* (2. Aufl.). Leske+Budrich.

Maddux, J. E., & Kleiman, E. M. (2018). Self efficacy. In G. Oettingen, T. S. Sevincer, & P. M. Gollwitzer (Hrsg.), *The psychology of thinking about the future* (S. 174–198). The Guilford Press.

Maloney, M. P., & Ward, M. P. (1973). Ecology: Let's hear from the people. *American Psychologist, 28,* 583–586.

Maloney, M. P., Ward, M. P., & Braucht, G. M. (1975). Psychology in action: A revised scale for the measurement of ecological attitudes and knowledge. *American Psychologist, 30,* 787–790.

Maslow, A. H. (1954). *Motivation and personality.* Harper and Row.

Meadows , D. L., Meadows, D. H., Zahn, E., & Milling, P. (1973). *Die Grenzen des Wachstums. Bericht des Club of Rome zur Lage der Menschheit.* Rowohlt (erstmals veröffentlicht 1972 unter dem Titel „The limits of growth").

Mehrabian, A., & Russell, J. A. (1974). *An approach to environmental psychology.* The MIT Press.

Milfont, T. L., Wilson, J., & Diniz, P. K. C. (2012). Time perspective and environmental engagement: A meta-analysis. *International Journal of Psychology, 47,* 325–334.

Mischel, W. (2015). *Der Marshmallow-Test: Willensstärke, Belohnungsaufschub und die Entwicklung der Persönlichkeit.* Siedler.

Mohr, H. (1996). Wie viel Erde braucht der Mensch? Untersuchungen zur globalen und regionalen Tragekapazität. In H. G. Kastenholz, K.-H. Erdmann, & M. Wolff (Hrsg.), *Nachhaltige Entwicklung. Zukunftschancen für Mensch und Umwelt* (S. 45–60). Springer.

Molt, W. (1992). Das Prinzip der Beschleunigung. Bausteine einer kinetischen Theorie des Verkehrs. *Politische Ökologie, 10*(29/30), 77–82.

Montada, L. (1999). Umwelt und Gerechtigkeit. In V. Linneweber & E. Kals (Hrsg.), *Umweltgerechtes Handeln. Barrieren und Brücken* (S. 71–93). Springer.

Moscovici, S. (1976). *Social influence and social change.* Academic.

Mosler, H.-J., & Gutscher, H. (1999). Wege zur Deblockierung kollektiven Umwelthandelns. In V. Linneweber & E. Kals (Hrsg.), *Umweltgerechtes Handeln. Barrieren und Brücken* (S. 141–164). Springer.

Müller, M. M., Ittner, H., & Becker, R. (2012). Umweltgerechtigkeit. Einführung in das Schwerpunktthema. *Umweltpsychologie, 16*(2), 3–7.

Nisbet, E. K., Zelenski, J. M., & Murphy, S. A. (2009). The nature relatedness scale. Linking individuals' connection with nature to environmental concern and behavior. *Environment and Behavior, 41,* 715–740.

Oda, M., Taniguchi, K., Wen, M.-L., & Higurashi, M. (1989). Effects of high-rise living on physical and mental development of children. *Journal of Human Ergology, 18,* 231–235.

Oeberst, A., & Meuer, M. (2024). Verzerrte Informationsverarbeitung als Quelle und Folge von Verschwörungsglauben. In R. Imhoff (Hrsg.), *Die Psychologie der Verschwörungstheorien* (S. 21–40). Hogrefe.

Oswald, M. (2019). *Strategisches Framing. Eine Einführung.* Springer VS.

Palmer, J. A., & Suggate, J. (1996). Influences and experiences affecting the pro-environmental behaviour of educators. *Environmental Education Research, 2*(1), 109–121.

Pierre, J. M. (2020). Mistrust and misinformation: A two-component socio-epistemic model of belief in conspiracy theories. *Journal of Social and Political Psychology, 8,* 617–641.

Platt, J. (1973). Social traps. *American Psychologist, 28,* 641–651.

Probst, P. (2014). „Um den Bedürfnissen des praktischen Lebens entgegenzukommen" – Ein Einblick in Biografie und Werk William Sterns. In M. Spieß (Hrsg.), *100 Jahre akademische Psychologie in Hamburg. Eine Festschrift* (S. 87–115). University Press.

Ransmayr, C. (2024). *Mädchen im gelben Kleid.* Abgedruckt in C. Ransmayr: *Als ich noch unsterblich war. Erzählungen* (S. 101–108). Fischer.

Rat der Sachverständigen für Umweltfragen. (1978). Umweltgutachten. Deutscher Bundestag. Drucksache 8/1938.

Reichenbach, R. (2020). *Grenzen der interpersonalen Verständigung. Eine Kommunikationskritik.* Psychosozial-Verlag.

Reheis, F. (2022). Einfach die Welt retten? Nachhaltigkeit als zeitpolitische Aufgabe. *Zeitpolitisches Magazin, 19*(41), 30–35.

Reidl, K., Schemel, H. J., & Blinkert, B. (2005). Naturerfahrungsräume im besiedelten Bereich. Ergebnisse eines interdisziplinären Forschungsprojektes. Nürtinger Hochschulschriften 24.

Reisch, L. A., & Scherhorn, G. (2005). Kauf- und Konsumverhalten. In D. Frey, L. von Rosenstiel, & C. Graf Hoyos (Hrsg.), *Wirtschaftspsychologie* (S. 180–187). Beltz/PVU.

Renn, O. (1996). Ökologisch denken – Sozial handeln: Die Realisierbarkeit einer nachhaltigen Entwicklung und die Rolle der Kultur- und Sozialwissenschaften. In H. G. Kastenholz, K.-H. Erdmann & M. Wolff (Hrsg.), *Nachhaltige Entwicklung. Zukunftschancen für Mensch und Umwelt* (S. 79–117). Springer.

RENN.nord (Regionale Netzstellen Nachhaltigkeitsstrategien) (Hrsg.). (2019). Hamburg. Ziele für nachhaltige Entwicklung. Die 169 Unterziele im Einzelnen. www.rennnetzwerk.de/nord.

Reusswig, F. (1999). Umweltgerechtes Handeln in verschiedenen Lebensstil-Kontexten. In V. Linneweber & E. Kals (Hrsg.), *Umweltgerechtes Handeln. Barrieren und Brücken* (S. 49–69). Springer.

Reusswig, F. (2002). Bedeutung von Lebensstiltypen für den Natur- und Umweltschutz. In K.-H. Erdmann, & C. Schell (Hrsg.), *Naturschutz und gesellschaftliches Handeln* (S. 55–77). Bundesamt für Naturschutz.

Rossmann, P. (2004). *Einführung in die Entwicklungspsychologie des Kindes- und Jugendalters* (4. Nachdruck.). Huber.

Roth, G. (2021). *Über den Menschen.* Suhrkamp.

Russell, J. A., & Snodgrass, J. (1987). Emotion and environment. In D. Stokols & I. Altman (Hrsg.), *Handbook of environmental psychology* (Bd. 1, S. 245–280). Wiley.

Sassenberg, K., Pummerer, L., & Winter, K. (2024). Prävention und Intervention gegen den Glauben an Verschwörungstheorien. In R. Imhoff (Hrsg.), *Die Psychologie der Verschwörungstheorien* (S. 119–136). Hogrefe.

Schahn, J. (1993a). Die Kluft zwischen Einstellung und Verhalten beim individuellen Umweltschutz. In J. Schahn & T. Giesinger (Hrsg.), *Psychologie für den Umweltschutz* (S. 29–49). Beltz/Psychologie Verlags Union.

Schahn, J. (1993b). Psychologische Beiträge zum Umweltschutz. In J. Schahn & T. Giesinger (Hrsg.), *Psychologie für den Umweltschutz* (S. 63–75). Beltz/Psychologie Verlags Union.

Schemel, H. J. (2018). Naturerfahrungsräume in der Stadt. In A. Flade (Hrsg.), *Zurück zur Natur? Erkenntnisse und Konzepte der Naturpsychologie* (S. 208–218). Springer.

Schivelbusch, W. (2015). *Geschichte der Eisenbahnreise. Zur Industrialisierung von Raum und Zeit im 19. Jahrhundert* (6. Aufl.). Fischer Taschenbuch.

Schneider, N., & Spellerberg, A. (1999). *Lebensstile, Wohnraumbedürfnisse und räumliche Mobilität.* Leske+Budrich.

Schuemer, R. (1998). Nutzungsorientierte Evaluation gebauter Umwelten. In F. Dieckmann, A. Flade, R. Schuemer, G. Ströhlein, & R. Walden (Hrsg.), *Psychologie und gebaute*

Umwelt. Konzepte, Methoden, Anwendungsbeispiele (S. 153–173). Institut Wohnen und Umwelt.

Schultz, P. W., Shriver, C., Tabanico, J. J., & Khazian, A. M. (2004). Implicit connections with nature. *Journal of Environmental Psychology, 24,* 31–42.

Schultz-Gambard, J. (1996). Dichte und Enge. In L. Kruse, C. F. Graumann, & E.-D. Lantermann (Hrsg.), *Ökologische Psychologie. Ein Handbuch in Schlüsselbegriffen* (S. 339–346). PVU.

Seel, M. (1991). *Eine Ästhetik der Natur.* Suhrkamp.

Selman, R. L. (1984). Interpersonale Verhandlungen. Eine entwicklungstheoretische Analyse. In W. Edelstein & J. Habermas (Hrsg.), *Soziale Interaktion und soziales Verstehen* (S. 113–166). Suhrkamp.

Spada, H. (1996). Umweltbewusstsein. In L. Kruse, C. F. Graumann, & E.-D. Lantermann (Hrsg.), *Ökologische Psychologie. Ein Handbuch in Schlüsselbegriffen* (S. 623–631). PVU.

Sparrow, B., Liu, J., & Wegner, D. M. (2011). Google effects on memory: Cognitive consequences of having information at our fingertips. *Science, 233,* 776–778.

Spears, R., & Tausch, N. (2014). Vorurteile und Intergruppenbeziehungen. In K. Jonas, W. Stroebe, & M. Hewstone (Hrsg.), *Sozialpsychologie* (6. Aufl., S. 507–546). Springer.

Frankfurt, S. (Hrsg.). (2017). *Monsterspecht und Dicke Raupe. Komische Kunst im Frankfurter GrünGürtel.* Umweltamt.

Stark, W. (2005). Gemeindepsychologie und Organisationsentwicklung. In D. Frey & C. Graf Hoyos (Hrsg.), *Psychologie in Gesellschaft, Kultur und Umwelt* (S. 140–146). Beltz/PVU.

Stern, P. C. (1992). Psychological dimensions of global environmental change. *Annual Review of Psychology, 43,* 269–302.

Stern, P. C. (2000). Toward a coherent theory of environmentally significant behavior. *Journal of Social Issues, 56,* 407–424.

Stern, P. C., Dietz, T., & Kalof, L. (1993). Value orientations, gender, and environmental concern. *Environment and Behavior, 25,* 322–348.

Stern, W. (1935). Allgemeine Psychologie auf personalistischer Grundlage. Zit. bei Probst P. (2014), a. a. O.

Stokols, D. (1990). Instrumental and spiritual views of people-environment relations. *American Psychologist, 45,* 641–646.

Strathman, A., Gleicher, F., Boninger, D. S., & Edwards, C. S. (1994). The consideration of future consequences: Weighing immediate and distant outcomes of behavior. *Journal of Personality and Social Psychology, 66,* 742–752.

Stroebe, W. (2014). Strategien zur Einstellungs- und Verhaltensänderung. In K. Jonas, W. Stroebe, & M. Hewstone (Hrsg.), *Sozialpsychologie* (S. 231–268). Springer.

Szpunar, K. K., Shrikanth, S., & Schacter, D. L. (2018). Varieties of future-thinking. In G. Oettingen, T. S. Sevincer, & P. M. Gollwitzer (Hrsg.), *The psychology of thinking about the future* (S. 52–67). The Guilford Press.

Tajfel, H. (1982). Social psychology of intergroup relations. *Annual Review of Psychology, 33,* 1–39.

Taubert, F., & Schmid, P. (2024). Verschwörungstheorien aus gesundheitspsychologischer Perspektive. In R. Imhoff (Hrsg.), *Die Psychologie der Verschwörungstheorien* (S. 101–118). Hogrefe.

Tiscareno-Osorno, X. Demetriou, Y. et al. (2023). Systematic review of explicit instruments measuring nature connectedness: What do we know and what is next? Environment and Behavior, Online first, 1–58.

Universität Hamburg. (2023). Klimaschutzbericht. Universität Hamburg (Hrsg.). Hamburg. www.uni-hamburg.de/nachhaltigkeit

UN. (2015). Transforming our world: The 2030 agenda for sustainable development. https:// sdgs.un.org/2030agenda.

Wagner, U., & Homburg, A. (2005). Politikberatung. In D. Frey & C. Graf Hoyos (Hrsg.), *Psychologie in Gesellschaft, Kultur und Umwelt* (S. 68–73). Beltz/PVU.

Walden, R. (2015). The school of the future: Conditions and processes– contribution of architectural psychology. In R. Walden (Hrsg.), *Schools for the future. Design proposals from Architectural Psychology* (S. 89–148). Springer.

Ward Thompson, C. W., Aspinall, P., & Montarzino, A. (2008). The childhood factor: Adult visits to green places and the significance of childhood experience. *Environment and Behavior, 40,* 111–143.

Weber, M. (1904/05). Die protestantische Ethik und der Geist des Kapitalismus. In Archiv für Sozialwissenschaft und Sozialpolitik, 20, S. 1–54 und 21, S. 1–110. (online verfügbar bei archive.org).

Wehling, E. (2017). *Politisches Framing. Wie eine Nation sich ihr Denken einredet – und daraus Politik macht.* Bundeszentrale für politische Bildung.

Zaleski, Z. (1996). Future anxiety: Concept, measurement, and preliminary research. *Personality and Individual Differences, 21,* 165–174.

Zaleski, Z., Sobol-Kwapinska, M., Przepiorka, A., & Meisner, M. (2019). Development and validation of the Dark Future Scale. *Time & Society, 28,* 107–123.

Zeiske, N., Venhoeven, L., Steg, L., & van der Werff, E. (2021). The normative route to a sustainable future: Examining children's environmental values, identity and personal norms to conserve energy. *Environment and Behavior, 53*(10), 1118–1139.

Zelenski, J. M., Dopko, R. L., & Capaldi, C. A. (2015). Cooperation is in our nature: Nature exposure may promote cooperative and environmentally sustainable behavior. *Journal of Environmental Psychology, 42,* 24–31.

Zelenski, J. M., & Nisbet, E. K. (2014). Happiness and feeling connected: The distinct role of nature relatedness. *Environment and Behavior, 46,* 3–23.

Zimbardo, P. G., & Boyd, J. N. (1999). Putting time in perspective: A valid, reliable individual-differences metric. *Journal of Personality and Social Psychology, 77,* 1271–1288.

Zimbardo, P. G., & Gerrig, R. J. (2004). *Psychologie* (16. Aufl.). Pearson Studium.